Vamos brincar!

Eduard Estivill é pediatra e neurofisiologista. Dirige a Clínica do Sono Estivill do Instituto Universitário Dexeus, em Barcelona. Escreveu vários livros de sucesso, como *Nana, nenê, Vamos comer!, Receitas para dormir bem*, todos publicados por esta Editora.

www.doctorestivill.com

Yolanda Sáenz de Tejada Vázquez é publicitária e escritora. Atualmente colabora com empresas que aplicam suas ideias em projetos para melhorar a qualidade de vida. Um desses campos é a pesquisa do comportamento das crianças.

www.lalunaesmia.es

DR. EDUARD ESTIVILL
YOLANDA SÁENZ DE TEJADA

Vamos brincar!

Atividades para ensinar bons hábitos às crianças

Tradução: Silvana Cobucci Leite

wmf **martinsfontes**

SÃO PAULO 2012

Esta obra foi publicada originalmente em espanhol com o título
A JUGAR!
por De Bolsillo, Barcelona
Copyright © Eduard Estivill e Yolanda Sáenz de Tejada
Copyright © 2012, Editora WMF Martins Fontes Ltda.,
São Paulo, para a presente edição.

1ª edição 2012

Tradução
Silvana Cobucci Leite
Acompanhamento editorial
Luzia Aparecida dos Santos
Revisões gráficas
Ana Maria de O. M. Barbosa
Maria Regina Ribeiro Machado
Edição de arte
Katia Harumi Terasaka
Produção gráfica
Geraldo Alves
Paginação
Moacir Katsumi Matsusaki

Dados Internacionais de Catalogação na Publicação (CIP)
(Câmara Brasileira do Livro, SP, Brasil)

Estivill, Eduard
  Vamos brincar! : atividades para ensinar bons hábitos às crianças / Eduard Estivill, Yolanda Sáenz de Tejada ; tradução Silvana Cobucci Leite. – São Paulo : Editora WMF Martins Fontes, 2012.

  Título original: A jugar!
  ISBN 978-85-7827-597-6

  1. Criação de crianças 2. Crianças – Conduta de vida 3. Crianças – Desenvolvimento 4. Crianças – Educação 5. Desempenho em crianças 6. Etiqueta para crianças e adolescentes 7. Habilidades sociais em crianças 8. Jogos educativos 9. Pais e filhos I. Sáenz de Tejada, Yolanda II. Título.

12-07813   CDD-649.7

Índices para catálogo sistemático:
1. Crianças : Treinamento moral : Educação familiar   649.7

Todos os direitos desta edição reservados à
Editora WMF Martins Fontes Ltda.
Rua Prof. Laerte Ramos de Carvalho, 133 01325-030 São Paulo SP Brasil
Tel. (11) 3293-8150 Fax (11) 3101-1042
e-mail: info@wmfmartinsfontes.com.br http://www.wmfmartinsfontes.com.br

Para Rocío, minha afilhada,
que se alimentava de meus beijos.
E para as fadas,
porque elas existem...

Yolanda Sáenz de Tejada Vázquez

Para meu neto Damià,
que sorri e dorme
como um anjo.

Eduard Estivill

Sumário

Introdução — 9
Prólogo do dr. Eduard Estivill — 11
Ingredientes para os pais — 14

Brincadeiras para ensinar

BONS HÁBITOS NA HORA DAS REFEIÇÕES

1. Eu arrumo a mesa — 16
2. Ensine-me a comer — 20
3. Agora é minha vez de comer — 24
4. Já sei tomar o café da manhã sozinho — 28
5. O café da manhã especial de Yolanda — 32
6. Que lanche mais divertido! — 36
7. O sino obediente — 40
8. Quadro de hortaliças — 44
9. Eu também gosto de petiscos — 48
10. Quero tomar a sopa sozinho — 52
11. Vou beber todo o leite! — 56
12. O sino vencedor — 60
13. Ganho pontos ao comer — 64
14. Mamãe, quero comer frutas! — 68
15. O prêmio é um jantar — 72

BONS HÁBITOS DE COMPORTAMENTO

16. Minhas pequenas responsabilidades — 76
17. Vamos todos praticar esportes! — 80
18. Já não sinto ciúme — 84
19. O que eu faço pelos outros? — 88
20. Ajudo em casa — 92

BONS HÁBITOS DE HIGIENE

21	Cuido do meu corpo	98
22	A fita que me guia	102
23	Tomo banho sozinho	106
24	Dentes com números	110
25	Não roo as unhas	114
26	Mamãe, vamos escolher a roupa?	118

BONS HÁBITOS DE COMUNICAÇÃO

27	O tempo é meu	124
28	Perguntas indiscretas	128
29	Já não sinto vergonha	132
30	Papai, leve-me ao médico	136
31	Conte-me a sua vida!	140
32	A família se comunica	144
33	Pensamentos essenciais	148
34	Só assisto a um pouco de tevê	152

BONS HÁBITOS DE ESTUDO

35	Agora quero ir para a escola	158
36	Aprendo a me esforçar na escola	162
37	Aprendo a estudar sozinho	166
38	Lembro de tudo…	172
39	Os bigodes das *Meninas*	176

BONS HÁBITOS DE LEITURA

40	*Carambola*	182
41	Leio imagens	186
42	Os filhos das palavras	190
43	Mamãe, hoje não quero ler	194
44	O poema cego	198

BONS HÁBITOS DE SONO

45	Vou para a cama sozinho	204
46	Brinco sozinho quando acordo	210

Agradecimentos   215

Introdução

Beijos foram feitos para ser distribuídos

Nestas páginas, além de letras, há uma esperança, a de aproximar as crianças dos adultos; ou o contrário...

Espero que este livro ajude você a ver a vida com olhos de criança e a preencher de filhos o seu coração...

YOLANDA SÁENZ DE TEJADA VÁZQUEZ

Prólogo

O objetivo deste livro é apresentar uma série de conceitos, expressos na forma de jogos e brincadeiras, para que os pais possam transmitir melhores hábitos a seus filhos.

Vamos brincar! é fruto da colaboração com uma mãe responsável, Yolanda Sáenz de Tejada Vázquez, autora e hábil praticante das propostas aqui descritas. Unindo seu lado de excelente escritora e de mãe preocupada com a educação de suas filhas, elaborou uma série de atividades, a partir de conceitos científicos comprovados, fáceis de executar e muito válidos do ponto de vista educativo. Cada uma dessas atividades foi pensada com critério e emoção, além de ter sido experimentada com várias crianças.

Esta obra constitui uma ajuda fundamental para os pais na difícil tarefa de educar seus filhos corretamente e fazer deles pessoas melhores.

Muitas pesquisas demonstram a necessidade de estimular o cérebro para obter o melhor desenvolvimento do ser humano. Como cientista dedicado ao estudo e à difusão de métodos para criar bons hábitos nas crianças, pude comprovar a enorme facilidade que elas têm de captar os ensinamentos e imitar os padrões de comportamento dos adultos.

As crianças não nascem sabendo. Precisam de pais e educadores maduros e tranquilos, capazes de transmitir as regras de bons hábitos. No entanto, os pais não dispõem de um "Manual de instruções" para levar a termo a difícil responsabilidade de educar. Por esse motivo, transmitimos a eles uma série de conhecimentos científicos para desempenhar essa função na forma de jogos e brincadeiras.

Se dizemos a uma criança: "Não coloque os cotovelos na mesa enquanto está comendo", talvez ela entenda a mensagem, mas não "sentirá" a necessidade de realizá-la. Em contrapartida, se usamos uma brincadeira para criar um hábito de boas maneiras à mesa, certamente a criança não a esquecerá, porque terá vivido a experiência como protagonista.

Ao elaborar este livro, tomamos como base o respeito pela criança que precisa vencer dificuldades e problemas. Todas as crianças devem superar provas até chegar à idade adulta; por isso mesmo, criamos uma série de jogos e brincadeiras adequados para as situações mais frequentes com que os pais deparam no dia a dia.

A importância de ensinar valores e bons hábitos

Os pais não devem dar a seus filhos apenas carinho e conforto. Para fazer com que sejam pessoas felizes e responsáveis, também devem dotá-los de certos valores e hábitos que lhes deem segurança para crescer e amadurecer.

Muitos pais se queixam do comportamento de seus filhos, acrescentando que "eles não dão valor a nada". No entanto, será que se encarregaram pessoalmente de educá-los nesses valores? Não se trata de repreendê-los quando se comportam mal, e sim de ensiná-los a crescer numa direção que lhes permita viver a vida com segurança e responsabilidade.

Fazemos isso conversando com eles, mas também com nosso exemplo e através das brincadeiras e jogos propostos neste livro.

Para ensinar bons hábitos e valores às crianças, os pais necessitam de coerência. Ou seja, não podemos transmitir um hábito a nosso filho e, diante da primeira dificuldade, "fazer vista grossa" para evitar os protestos da criança e poder continuar tranquilamente com nossas atividades.

Os hábitos são adquiridos através da repetição, e é muito fácil perder tudo o que se conquistou se começamos a abrir exceções; em muitos casos, teremos de começar do zero, e o esforço educativo terá sido desperdiçado.

Como em suas brincadeiras as crianças interagem com seu entorno com grande intensidade, a hora de brincar é um momento ideal para levá-las a adquirir aqueles valores que as nortearão como pessoas adultas. Brincar é um ato essencial na vida das crianças, e por isso podemos recorrer a esse espaço criativo para educá-las melhor.

Para tanto, devemos mostrar sempre uma atitude segura e confiante. As crianças têm muita sensibilidade para perceber as contradições e incoerências dos adultos; por isso, é importante ter uma ideia clara dos valores nos quais queremos educar nossos filhos e perseverar nesse código – sem ser autoritários..

Por exemplo, se explicamos a uma criança algo de que não estamos muito seguros, ela pode, a partir do tom empregado, perceber essa hesitação e, portanto, não dar importância a nossas palavras. Está comprovado que, através do tom da voz, os bebês captam as intenções e sentimentos de seus pais.

Por esse mesmo motivo, e para não confundir a criança, não deve haver incongruências nem critérios diferentes entre os pais. Os jogos e brincadeiras deste livro baseiam-se num critério: ajudar os pais a educar sem esforço, e as crianças a assimilar alguns hábitos e valores de maneira divertida e natural.

Certamente haverá momentos de crise nos quais a criança se rebelará com um comportamento inadequado. Nesses casos, é importante não ceder à birra, para não levá-la a pensar que esse comportamento funciona e repeti-lo toda vez que desejar alguma coisa. Em suma, ao agir desse modo, reforçamos um mau hábito.

Para uma educação efetiva, muitas vezes teremos de ignorar os gritos, o choro ou os esperneios da criança, para ensinar-lhe que não é desse jeito que se conseguem as coisas.

Se mantivermos uma coerência pedagógica, essas cenas de birra serão cada vez menos frequentes, porque a criança terá adquirido um canal maduro e interativo de comunicação com seus pais.

Os jogos e brincadeiras apresentados neste manual convidam-nos a pôr mãos à obra para transmitir a nossos filhos bons hábitos, valores sólidos e a autoestima de que necessitam para encontrar seu lugar no mundo

Dr. Eduard Estivill

Ingredientes para os pais

- **Emoção:** Resgatem a emoção e a alegria de sua infância. Cada jogo ou cada brincadeira deverão ser acompanhados de amor e daquele sorriso às vezes esquecido.

- **Planejamento:** Se criarmos expectativas, será mais fácil levar as crianças a gostarem da brincadeira. Não nos esqueçamos de que a felicidade não consiste apenas em fazer coisas, mas também em planejá-las.

- **Todos fomos crianças:** Para ensinar, é preciso saber ouvir. Relembrar nossa infância nos ajudará a lembrar que não éramos compreendidos quando pequenos, que também não gostávamos de verduras, que vestir a roupa era um tormento...

- **Não somos infalíveis:** Os pais que erram são mais humanos. Se admitimos que não sabemos algo, mas que vamos pesquisar, nosso filho pensará que tudo tem uma solução. Ao assumir nossos erros, ficamos mais próximos de nossos filhos.

- **O amor sem limites:** Há quanto tempo você não pega seu filho no colo e lhe diz o quanto o ama? Procure fazer isso com frequência, mesmo que ele seja adulto. O amor não tem idade, e carinho nunca é demais.

BRINCADEIRAS PARA ENSINAR

Bons hábitos na hora das refeições

1 EU ARRUMO A MESA

*Educar não é encher um balde,
mas acender uma chama.*

W. B. Yeats

Utilidade

O mais importante que uma criança faz é crescer e, para isso, o bem mais valioso de que dispõe é o amor.

Para que se desenvolva de maneira saudável, é fundamental promover sua autoestima e sua independência. Para isso, é essencial que a criança se inter-relacione com os elementos de sua casa e com os integrantes de sua família. Ensine-a a fazer pequenas coisas úteis para todos. Através de jogos e brincadeiras, podemos incentivá-la a colaborar nas tarefas cotidianas.

Experiência

Isabel tem 9 anos. Há dois anos já arruma a mesa antes do jantar. Sua irmã Marta tem 5 e já tenta fazer isso desde os 4. No começo gostava muito da ideia, mas com o passar do tempo tornou-se mais lenta e preguiçosa. Preferia assistir a desenhos animados e sempre alegava cansaço.

Ao introduzir esta brincadeira, a hora do jantar converteu-se numa surpresa ininterrupta...

Características

Número de participantes: A partir de 2. Se as crianças têm convidados, é melhor ainda, porque todos podem colaborar.
Interior ou exterior: Ambos.
Idade: A partir de 5 anos.
Melhor horário: Na hora das refeições.

Materiais

- Artigos para decoração: Qualquer coisa vale, como pregadores de roupa, velas, penas, pedras, folhas… até mesmo os brinquedos das crianças.
- A mesa para as refeições e os utensílios necessários.
- Uma colherinha cheia de imaginação.

Preparação

1 Explique ao seu filho (ou filhos) que, a partir de determinado dia, você vai ensiná-lo a pôr a mesa: "Como você está grande, já pode nos ajudar. Quero que faça um trabalho muito importante para todos nós." Se você tem dois ou mais filhos, muito melhor, por que assim eles podem se revezar. Se só tem um filho, você também terá de participar, pois a brincadeira requer no mínimo dois participantes. A criança perderá o interesse se tiver de brincar sozinha.

2 "Hoje eu vou começar a pôr a mesa. De agora em diante, nosso jantar será sempre uma festa", você pode dizer a ele. Comece você, para que no dia seguinte seu filho possa imitá-lo. As crianças têm uma incrível capacidade de assimilação e, quando se interessam por alguma coisa, conseguem fazer tudo praticamente igual. E até melhorar!

3 "Espere fora da cozinha." (Ou do lugar onde acontecerá a refeição.) "Vou arrumar a mesa e, quando estiver pronta, chamo você, está bem?"

Começa a brincadeira

1 Feche a porta e arrume a mesa como de costume. Em seguida, pegue os pequenos tesouros que você preparou previamente. Decore a mesa com eles. Garanto que você se divertirá muito ao fazer isso, porque poderá usar sua criatividade. Se tiver velas, acenda-as e apague as luzes quando seu filho entrar. As crianças são pequenos artistas muito sensíveis à beleza.

2 Quando terminar de decorar a mesa, vá buscar seu filho. Antes que ele entre, diga-lhe com um tom de voz muito animado: "Você está preparado para o jantar mais bonito da sua vida?"

3 Depois que vocês se sentarem à mesa, apague as velas e retire todos os artigos de decoração. Lembre-se de que as crianças se cansam muito rápido. Assim, no dia seguinte tudo voltará a ser uma novidade.

4 Durante o jantar, peça-lhe para preparar sua pequena caixa de tesouros para decorar a mesa. Diga que ele poderá usar os seus, se quiser, mas "tenho certeza de que você está pensando em coisas muito bonitas e nós gostamos de ver coisas novas".

5 Explique que a cada dia o ensinará a colocar algo novo na mesa. Comece pelas coisas mais fáceis para que ele aprenda (por exemplo, pôr os pratos e os copos, seguidos dos talheres e dos guardanapos). "Depois que aprender a fazer isso, você poderá decorar a mesa."

6 Se estiverem sozinhos, saia do lugar onde vão fazer a refeição para não estragar a surpresa. Se houver mais gente, será ótimo, porque assim você poderá continuar a cozinhar e seu filho decorará a mesa para surpreender os outros participantes do jantar.

7 Quando a criança chamar, todos devem dizer o quanto a mesa está bonita e elogiar o trabalho realizado.

8 No dia seguinte, a criança vai arrumar a mesa. Lembre-se de que ela precisará de tempo para isso. É preferível jantar um pouco mais tarde, mas ensiná-la a colaborar.

9 Depois de arrumar a mesa umas 5 ou 6 vezes, a criança se cansará dessa tarefa. Antes disso, porém, já terá adquirido um hábito de que não se esquecerá. Se necessário, volte a essa brincadeira depois de algum tempo.

Conselhos e variantes

- Guarde pequenas coisas que encontrar (brincos que você já não usa, contas de um colar quebrado, o laço de um presente...).

- Caso encontre na rua – ou em uma viagem – algo que lhe parecer gracioso, leve-o para seu filho, para fazer parte de sua caixa de tesouros.

- Durante muitos dias a sensação de minhas filhas ao decorar a mesa foram algumas velas em formato de rã que recebi de presente!

Valores

- **AUTOESTIMA:** Através de jogos e brincadeiras, ensinamos a criança a se sentir útil e necessária. Só jantamos se ela arrumar a mesa.

- **CRIATIVIDADE:** Vocês não imaginam que mesas lindas uma criança pode arrumar!

- **MISTÉRIO:** As crianças adoram o mistério, que é para elas uma fonte incalculável de emoção.

- **CONCENTRAÇÃO:** Ao dirigir toda sua atenção para uma atividade, a criança estimula sua capacidade de concentração.

2 ENSINE-ME A COMER

Educar é transmitir a civilização.

Ariel Durant

Utilidade

Esta brincadeira é muito intuitiva. Ela nos ajuda a fazer com que nosso filho se sente à mesa e coma corretamente. E se for preciso chamar a atenção dele, ninguém vai perceber. É muito importante levar em conta a dignidade das crianças.

Não devemos exclamar: "Pablo, tire os cotovelos da mesa!", "Maria, sente-se direito!", pois as crianças ficam envergonhadas quando são repreendidas diante dos outros.

Experiência

Marta sentou-se para comer com mais sete crianças. Com apenas 4 anos, mal conseguia alcançar a mesa. Mesmo assim, colocou seu guardanapo e suas mãos apareciam na superfície. Em seguida, começou a dizer: "CO… CO… CO…"

Estava chamando a atenção de sua prima mais velha. Voltou-se para mim indignada e me disse: "Ninguém liga para mim! Não querem saber de nada."

A coitadinha achava que todo mundo conhecia esta brincadeira…

Marta brinca desde os 3 anos de idade.

Características

Número de participantes: No mínimo 2. O ideal é fazer a brincadeira com mais pessoas que não conheçam as regras, porque assim as crianças se divertem mais. Elas adoram ter uma espécie de pacto secreto com aqueles que sabem um jogo ou uma brincadeira.
Interior ou exterior: Ambos.
Idade: A partir dos 3 anos.
Melhor horário: Quando um adulto se sentar à mesa com as crianças.

Materiais

- Uma mesa posta. Cada família tem seus próprios costumes ao se sentar à mesa para comer. Em seguida, vou dizer os meus para poder explicar melhor a brincadeira.
  - **Direito:** Precisamos nos sentar corretamente na cadeira. Assim não prejudicamos nossa coluna e fica mais difícil derrubar a comida. A palavra-chave é: DI.
  - **Cotovelos:** Não devemos apoiar os cotovelos na mesa. A palavra-chave é: CO.
  - **Mãos:** As duas mãos devem estar à vista. Ou segurando os talheres, ou apoiadas na mesa ou com o pão. A palavra-chave é: MAO.
  - **Guardanapo:** Deve ficar no colo da criança. Assim, caso ela derrube algum alimento, não manchará a roupa. Se forem utilizados guardanapos de papel, melhor comprar os de tamanho grande. A palavra-chave é: GUAR.
- Uma piscadela repleta de amor.

Preparação

1 Juntamente com seus filhos, elabore uma lista com as regras de comportamento que devem adotar na hora das refeições. Não se esqueça de incentivá-los a dar sugestões: "Será que podemos incluir mais alguma regra?"

Errar é aprender

Faça de conta que você também erra. Assim, as crianças mostrarão como se faz e você poderá reforçar o hábito. Não é por sermos pais que fazemos tudo certo. Ao apontar nossas falhas, as crianças se sentem mais próximas de nós. Quando fizer algo errado, não se esqueça de comentar: "Ora, ora! Mães também cometem erros!" ou "Veja só! O papai também se engana!"

A brincadeira começa

1 Depois que todos estiverem sentados à mesa, é preciso observar quando alguém faz algo errado. Assim, por exemplo, caso seu filho apoie o cotovelo na mesa, repita CO, CO, CO… e, em seguida, faça-lhe uma pergunta ou diga uma frase que comece com CO. "COmo era mesmo o nome daquele seu amigo?"

2 A pergunta não tem importância, o importante é o CO.

3 Caso alguém tenha esquecido do guardanapo, diga uma frase que comece com GUAR. "O GUARda-chuva está molhado!"

4 O mesmo vale para todas as regras estabelecidas. MÃO, DI…

5 Ao ouvir alguma dessas sílabas, a criança imediatamente vai verificar se está com o cotovelo apoiado na mesa (às vezes não nos damos conta). Assim, sem ninguém perceber, mostramos a ela como se comportar. É um código secreto! Só nós, que conhecemos a brincadeira, podemos nos comunicar. A dignidade da criança será preservada.

6 Ao terminar, fale sobre a brincadeira e não se esqueça de demonstrar seu entusiasmo. Elogie seu filho por sua participação.

Conselhos e variantes

- Talvez no primeiro dia nem tudo saia como planejado, mas com o tempo será possível aperfeiçoar a brincadeira.

- Crianças pequenas também podem participar e devem ser incluídas.

- Se houver algum convidado para o jantar, encarregue seu filho de lhe explicar a brincadeira. A criança se sente valorizada ao perceber que conhece algo e consegue transmitir esse conhecimento para outras pessoas.

Valores

- **UNIÃO E CUMPLICIDADE:** Ingredientes básicos para uma convivência harmoniosa.

- **COMPROMISSO:** A criança se sentirá muito importante se nos ensinar como agir corretamente; só temos de nos confundir para que ela nos corrija.

- **TALENTO:** Com esta brincadeira, as crianças também adquirem habilidades com a linguagem. Elas terão de pensar em palavras que comecem com CO, GUAR, DI... ou contenham essas sílabas.

3 AGORA É MINHA VEZ DE COMER

*O urso Guloso
não come pastel,
o urso Guloso
só gosta de mel.*

Gloria Fuertes

Utilidade

É perfeitamente normal que as crianças nem sempre tenham **fome**. Essa falta de apetite transitória é regulada pelo cérebro de acordo com suas necessidades de crescimento e de energia. O mesmo acontece com os adultos. Ao ser obrigadas a comer, elas passarão a ver a comida como um inimigo.

A partir dos 6 ou 8 meses, o bebê pode começar a comer com as mãos. Aos 12 meses já pode usar uma colher e aos 15 quase comerá sozinho. Você só precisará dar-lhe comida e muito amor…

A criança deve começar a comer sozinha o mais cedo possível e encarar a hora das refeições como algo divertido e necessário, não como uma obrigação e uma luta. Esta brincadeira visa levar a família a se reunir em torno da mesa com alegria e vontade de passar bons momentos juntos.

Experiência

Francisco se alimentava bem, era uma criança que aos 6 meses pedia comida e se divertia com ela. Aos 11 meses, sua mãe percebeu que o menino estava perdendo o apetite e decidiu "ajudá-lo" a comer. Para isso, usava o chamado "truque da chupeta": dava-lhe uma colherada de comida e em seguida punha a chupeta na boca da criança.

Francisco completou 4 anos sem apetite e, sobretudo, sem vontade nem interesse em comer. Quando começamos a fazer esta brincadeira, ele demorou dois dias para se acostumar, mas pelo menos experimentou todos os pratos.

Características

Número de participantes: Pelo menos 2, mas o ideal são 3 ou 4.
Interior ou exterior: Ambos.
Idade: A partir de 1 ano, quando o bebê começa a comer sozinho. Podem participar crianças de várias idades.
Melhor horário: Durante as refeições.

Materiais

- A mesa posta para que todos possam começar a comer juntos.
- Um prêmio escolhido previamente pela criança que tem mais dificuldade em se alimentar (o prêmio deve ser algo de comer).
- Pelo menos 2 ou 3 participantes. Pode-se esperar o fim de semana, se não houver pessoas suficientes durante a semana.
- Fome... e um monte de risadas!

Truque caseiro

Quando fazemos esta brincadeira em casa, sempre começamos pelo alimento de que minhas filhas gostam menos. Desse modo, elas não deixam de ingeri-lo e em seguida continuam a comer o que querem. No meu caso, começo sempre pelas verduras.

Preparação

1 Antes da refeição, avise que nesse dia todos farão uma brincadeira muito divertida que você vai explicar em seguida.

2 Como vocês vão começar pelas verduras – ou pelo alimento de que seu filho menos gosta –, deixe para servi-las depois. Primeiro explique como funciona a brincadeira.

3 Comece assim: "Hoje vamos fazer uma brincadeira e dar boas risadas juntos! Mas antes pensem num prêmio especial" (guloseimas não valem nem tampouco bolos e sorvetes).

4 "Agora vou explicar a brincadeira. Vamos seguir uma ordem. Ninguém pode comer antes de chegar a sua vez. Cada um deve dizer uma palavra antes de comer. Se o primeiro disser um nome próprio, por exemplo, os outros também deverão dizer nomes próprios."

5 "E ninguém pode comer antes de chegar a sua vez. Assim, eu digo, por exemplo, 'Mariana!' e dou uma garfada. Em seguida, é a sua vez e você tem de dizer um nome próprio e comer. Todos devem fazer o mesmo."

Começa a brincadeira

1 Todos se sentam à mesa. O ideal é que você comece; em seguida, a criança. Com a brincadeira, ela vai provar a comida; se você perceber que ela não gosta, não a obrigue a comer. Já é uma vitória levá-la a experimentar algo que nunca provou ou de que não gostava antes.

2 Sempre que chegar a sua vez, gesticule dizendo que está muito bom e diga em voz alta: "Hummmm, que delícia! Está muito gostoso!"

3 Caso as crianças demorem, não as apresse; diga apenas: "Estou com fome, quero que chegue a minha vez logo!"

Conselhos e variantes

● Se seu filho é pequeno, não coloque a comida na boca dele quando ele estiver olhando para outro lugar nem o entretenha. Recorra a brincadeiras de motivação para ele saber que está comendo e apreciar a comida.

● Faça esta brincadeira com os alimentos mais necessários para seu filho e que ele reluta mais em comer.

● O horário de alimentação de seus filhos deve ser respeitado, é claro. Não lhes dê nada de comer antes das refeições. Se estiverem com muita fome e não puderem esperar, ofereça-lhes alguma fruta.

● Acostume seu filho a comer frutas entre as refeições. Eu as levo para a praia, por exemplo, porque ali as crianças sempre têm fome.

Valores

● **COMER A QUANTIDADE CERTA:** Nossos filhos é que devem regular a quantidade de alimento. Se lhes damos comida demais, com o tempo terão problemas de sobrepeso.

● **COMER COMIDA SAUDÁVEL:** Esta brincadeira foi pensada para os alimentos mais difíceis para as crianças (verduras e legumes, frutas, peixes). Queremos incentivar nossos filhos a terem uma alimentação saudável e equilibrada.

● **REFEIÇÕES EM FAMÍLIA:** Se fazemos as refeições em família, estamos ouvindo uns aos outros e estreitando nossos laços.

4 JÁ SEI TOMAR O CAFÉ DA MANHÃ SOZINHO

Tempo não é dinheiro, é vida.

José Luis Sampedro

Utilidade

Nos fins de semana poderíamos dormir um pouco mais se não tivéssemos de nos levantar para preparar o café da manhã das crianças. Com esta brincadeira, você poderá ficar pelo menos mais meia hora na cama. Como sabemos, tempo é vida!

Experiência

Mariana se levantava sozinha todas as manhãs. É uma menina muito obediente, e seus pais a ensinaram a ligar a televisão, e por isso ela ficava sozinha na sala assistindo a desenhos no mínimo por meia hora.

No entanto, Mariana estava acostumada a tomar café antes de ir para a escola, e logo depois de acordar já estava morrendo de fome.

Sua mãe me contou que, antes de se deitar, deixava alguns biscoitos em seu criado-mudo para não ser obrigada a se levantar quando a menina entrava em seu quarto. Com esse truque, porém, Mariana ia buscar um biscoito a cada cinco minutos e, quando a mãe finalmente se levantava e servia o café, já estava sem fome.

Isso me levou a elaborar uma brincadeira que funcionou muito bem. A mãe de Mariana a adotou há dois anos, e agora a menina já consegue preparar até as torradas sem a ajuda dos pais. Mas, é claro, apenas aos sábados ou nos dias em que eles querem dormir um pouco mais.

4 JÁ SEI TOMAR O CAFÉ DA MANHÃ SOZINHO

Mais meia hora de descanso

Esta brincadeira não se destina a fazer com que os adultos fiquem na cama até meio-dia. Sobretudo porque, se temos crianças pequenas, não podemos deixá-las sozinhas por tanto tempo. Para controlar o tempo, peça que seu filho avise quando acordar ("Quando acordar, venha dar-me um beijo, querido, assim vou ter lindos sonhos enquanto você estiver sozinho na sala!"). Em seguida, programe o despertador para tocar depois de meia hora. Você pode ir aumentando esse tempo até perceber que a criança consegue fazer tudo sozinha; então poderá prescindir do despertador.

Características

Número de participantes: No mínimo seu filho ou sua filha. Algum colega da escola também pode participar.
Interior ou exterior: Ambos.
Idade: A partir dos 5 anos (há crianças que com 4 anos já a fazem muito bem).
Melhor horário: Durante o café da manhã.

Materiais

- Isso dependerá muito do que seu filho costuma comer no café da manhã e se requer mais ou menos tempo de preparo.
- Precisamos, por exemplo, de: uma caixinha de suco ou de leite (com canudinho), alguns biscoitos (numa embalagem já aberta), um prato e um guardanapo. Se seu filho preferir cereais, acrescente uma tigela.
- Uma mesa num lugar agradável. Para não mudar os hábitos, é melhor que seja no lugar onde vocês costumam tomar o café da manhã.
- Um beijo inesperado.

Preparação

1 Na noite anterior à brincadeira, converse com seu filho: "Amanhã será um dia especial. Como você já é grande, decidimos que vai tomar o café da manhã sozinho. Quando se levantar, a mesa estará pronta para você comer mesmo que nós ainda estivermos na cama." Desse modo, você não diz a seu filho que quer dormir mais, e sim que ele é grande e por isso já pode fazer coisas sozinho.

2 Continue a explicar a brincadeira, que dependerá muito do que ele costuma fazer quando se levanta. Vamos supor que assista a um pouco de televisão. Neste caso, diga: "Quando se levantar, pode assistir a um pouco de tevê. Ela já está em seu canal preferido, para que não tenha de mudar." Lembre-se de que as crianças devem ver televisão de maneira controlada. Não devem ter acesso ao controle remoto para ir mudando de canal.

3 "Quando ficar com fome, seu café da manhã já estará pronto. Será uma surpresa, mas temos certeza de que você vai gostar." Ninguém melhor do que você sabe do que seu filho gosta.

4 "Depois de ver um pouco de televisão, pode vir nos acordar, está bem, querido?"

Começa a brincadeira

No dia seguinte, ao se levantar, a primeira coisa que a criança fará será ver o café da manhã que você preparou para ela. Por isso é muito importante deixar tudo pronto para que ela não precise de nós.

Conselhos e variantes

- Você terá bons resultados se perguntar ao seu filho o que ele gosta de comer no café da manhã. Elabore uma lista e recompense-o com as coisas de que ele gosta, desde que sejam saudáveis.

- Deixe bem claro que, se você não estiver presente, ele não pode comer nenhum alimento da geladeira ou da despensa.

- Arrume uma mesa bonita e divertida. Pode usar uma toalha de mesa vendida em "lojas de R$ 1,99", um pedaço de tecido ou até um pano de prato bem colorido. Assim, a criança saberá que se trata de uma ocasião especial. Se quiser, acrescente algum tipo de decoração: uma folha ou um papel com um desenho, por exemplo.

Valores

- **AUTONOMIA:** Ao incentivar nossos filhos a ser cada vez mais independentes, facilitamos sua futura tomada de decisões.

- **RECOMPENSA SAUDÁVEL:** Recompensar a maturidade de seu filho com um alimento saudável é mostrar-lhe que a comida é um presente, não uma obrigação. Isso o ajudará muito a desfrutar o prazer de se alimentar.

- **SOLIDÃO:** Quem sabe aproveitar sua solidão adquire mais recursos e é mais criativo. Aprendendo a ficar sozinho, nosso filho também passará a valorizar mais a companhia das outras pessoas. Desse modo, saberá utilizar melhor o seu tempo e administrá-lo.

5 O CAFÉ DA MANHÃ ESPECIAL DE YOLANDA

O que nos une não é a carne nem o sangue, e sim o coração.

Johann Schiller

Utilidade

Esta brincadeira visa não apenas levar as crianças a gostar de tomar café da manhã com seus pais ou familiares, mas também fazer com que os adultos tenham o prazer de participar das refeições com elas.

É um método que promove a união em torno da mesa e dos alimentos.

Experiência

Em casa, só tomamos café da manhã propriamente dito aos sábados e domingos. Sempre é um motivo de festa, sobretudo se temos convidados. As crianças pegam uma torrada de uma travessa no centro da mesa, a colocam em seu prato e a dividem em pedaços. Em seguida perguntam: "Por quem começamos?" Alguém decide de que sabor será o primeiro pedaço e, cada um na sua vez, os outros vão escolhendo os sabores seguintes. Assim, terminamos a torrada depois de experimentar diversos sabores.

Minha sobrinha Alejandra, por exemplo, nunca havia experimentado queijo fresco com pão. E no segundo dia já acrescentava geleia!

Quando fazemos esta brincadeira, quase sempre sou obrigada a pedir que as crianças parem de comer; quando uma criança volta a passar o fim de semana em casa, a primeira coisa que me pergunta é se vamos preparar o café da manhã.

Carboidratos para crescer

As crianças precisam de carboidratos para seu desenvolvimento. Por isso, nesta brincadeira, o principal ingrediente é o pão. Servimos torradas e as crianças escolhem o que vão colocar nelas.
Assim, têm a sensação de que são elas que decidem o seu café da manhã, apesar de você ter dado a torrada. Pode servir dois ou mais tipos de pão para que elas experimentem.

Características

Número de participantes: Pelo menos 2. O ideal é fazer a brincadeira com várias pessoas, para haver variedade.
Interior ou exterior: Ambos.
Idade: A partir de 1 ano.
Melhor horário: No café da manhã. Logo cedo, para haver tempo suficiente para as crianças experimentarem os diferentes alimentos.

Materiais

- Uma mesa bem-arrumada é o requisito mais importante para que as crianças valorizem os alimentos. Comer um biscoito diretamente do pacote não é o mesmo que retirá-lo de um prato com vários biscoitos dispostos em forma de flor.
- Qualquer alimento que se queira comer no café da manhã. Convém evitar sempre os doces e incentivar o consumo de produtos naturais.
- Uma pitada de sorrisos.

Preparação

1 Escolha o sábado ou o domingo para fazer a brincadeira. Avise as crianças durante a semana para criar expectativa e curiosidade.

2 Dê o nome de um membro da família ao café da manhã. Pode alternar os nomes, uma semana cada um.

3 Prepare uma mesa bem bonita com uma toalha de mesa decorada, guardanapos e pratos.

Começa a brincadeira

1 Chame os participantes. Assim que todos estiverem na cozinha, comece a tirar da geladeira os produtos para o café da manhã. Pode alternar doces e salgados. As crianças devem ajudar a escolher os alimentos; assim se sentirão protagonistas de uma festa.

2 O pão e os outros alimentos devem ser apresentados em travessas ou pratos. Não é preciso servir nada além de leite. As crianças é que devem ir escolhendo o que querem.

3 Proponha que cada integrante da mesa escolha um sabor diferente para os outros experimentarem.

4 Ao terminar o café da manhã, pergunte às crianças se elas têm alguma ideia para o dia seguinte. Com certeza elas terão alguma sugestão.

5 Depois da refeição, fique um pouco mais à mesa e pergunte quais sabores as crianças gostaram mais e quando elas querem que seja o próximo encontro.

Conselhos e variantes

- Se for ao supermercado com as crianças, peça-lhes que escolham algum alimento saudável para o café da manhã.

- Não se esqueça de incluir as crianças menores, pois elas também podem participar.

- Procure organizar o café da manhã especial quando houver algum amigo das crianças em casa. Seus filhos vão gostar muito de passar esse momento junto com seus colegas.

Valores

- **COMPARTILHAR SABORES:** É muito importante que, ao menos uma vez por dia, as crianças façam as refeições junto com um adulto, sem televisão e conversando tranquilamente. Trata-se de "celebrar" juntos os alimentos. Queremos que as crianças não apenas se alimentem, mas o façam com prazer e em nossa companhia.

6 QUE LANCHE MAIS DIVERTIDO!

A vida é a arte de desenhar sem dispor de uma borracha.

John Gardner

Utilidade

Quantas vezes nossos filhos voltaram da escola sem tomar o lanche que havíamos preparado para eles? Eles nos dizem: "Não estava com fome!" ou "Esqueci!"

Para que isso não se repita, somos tentados a preparar coisas de que eles gostam, esquecendo que a alimentação de hoje faz parte do bem-estar futuro deles. Então, por que não os incentivamos a tomar o lanche de maneira divertida?

Experiência

Carla tem 10 anos. Quase sempre volta da escola com o lanche intacto. Todas as vezes que vai buscá-la, seu pai lhe pergunta: "Você comeu o lanche hoje, Carla?"

Mas a menina não parece perceber que o lanche lhe dá a energia de que seu corpo necessita o resto do dia.

Quando testamos esta brincadeira, ela me confessou que seus amigos haviam comentado da sorte que tinha por seus pais prepararem um lanche como aquele... Naquele dia, ao sair da escola, seu pai não teve que lhe perguntar nada. Foi Carla quem lhe disse, encantada: "Papai, o lanche estava ótimo!"

Características

Número de participantes: Quantos se quiser.
Interior ou exterior: Ambos.
Idade: A partir de 6 anos (desde que a criança saiba ler).
Melhor horário: Na hora do lanche na escola ou em excursões.

Materiais

- Um papel para escrever uma mensagem. O tamanho adequado é metade de uma folha de sulfite, para que, dobrado, caiba bem na lancheira.
- Uma caneta ou canetinhas coloridas.
- Uma lembrança da infância.

Preparação

1 Escreva algo divertido – algo de que você goste ou um poema – e coloque-o na lancheira. Pense que se os amigos de seu filho virem isso e acharem engraçado, ele será o centro das atenções e se sentirá privilegiado.

2 Lance mão de toda sua criatividade: utilize as canetinhas, dê asas à imaginação... Você vai descobrir que isso é muito divertido.

Começa a brincadeira

1 Antes de seu filho ir para a escola, avise que não se esqueça de tomar o lanche. "Ao menos abra a lancheira! Você vai encontrar uma surpresa." Não lhe dê muitas pistas ou ele não resistirá à tentação de ver o que há ali e a brincadeira perderá a graça.

2 Na volta para casa, fale sobre a brincadeira. Se você tiver colocado no bilhete adivinhas ou poemas relacionados com alimentos, pergunte se ele conseguiu acertar ou o que os amigos dele disseram. O ponto de vista ou a opinião de seu filho serão úteis para as próximas vezes em que você repetir a brincadeira.

3 Não abuse desse método, e nunca diga se na lancheira há ou não algum bilhete. No início, duas ou três vezes na semana serão suficientes. Em seguida, reduza a frequência e coloque um bilhete apenas de vez em quando.

Conselhos e variantes

- Para seu filho, não importa se você sabe ou não desenhar; portanto, não se preocupe se o cachorro que você desenhou não ficou muito bom. O essencial é que a criança achará ótimo que seu pai ou sua mãe fizeram um desenho para ela.

- Se você tem dois filhos, peça ao maior que desenhe algo criativo para o menor. Ele achará divertido fazer isso. Explique a importância dessa tarefa: "Graças a você, seu irmão vai comer bem. Desenhe algo divertido de que você sabe que ele vai gostar."

- Incentive seu filho a fazer um concurso com seus amigos: "Peça a seus amigos que adivinhem o que tem dentro de sua lancheira."

Valores

- **NUTRIÇÃO:** Esta brincadeira é ideal para garantir que a alimentação da criança seja saudável e equilibrada.

- **PROXIMIDADE:** Ao presentear seu filho com um pouco de imaginação, você se aproxima dele. Lembre-se: às vezes temos de ser como as crianças para que elas nos admirem mais.

# Exemplos de adivinhas sobre alimentos

O que é, o que é?
É branco,
Muito gostoso e cremoso,
E não é ovo?

(iogurte de coco)

Um peixe queria ser homem
para comer o seu lanche.
Quando tentou sair da água,
o mar o castigou e ele virou um porco.
Que alimento vem do porco
e está em seu sanduíche?

(Presunto)

7 O SINO OBEDIENTE

Quase sempre temos conhecidos que confundimos com amigos. Se perdemos um conhecido, logo o substituímos por outro, mas quando perdemos um amigo a dor é insubstituível.

José Manzanares

Utilidade

Quase todas as crianças reclamam quando seus pais as chamam para jantar, almoçar ou tomar o café da manhã. Muitas vezes elas desafiam a vontade de seus pais. Não podemos esquecer que isso faz parte do crescimento delas. Elas nos testam com seu comportamento, para ver nossa reação. Neste momento, nossa resposta é parte do aprendizado delas.

Com esta brincadeira, seu filho se divertirá atendendo ao seu chamado...

Experiência

Isabel tem 4 anos. Se está absorta em alguma coisa, não escuta. Se está vendo desenhos na televisão, então, nem se fala! Chamamos: "Isabel, Isabel, venha tomar café!", mas ela não atende.

Quando começamos a fazer esta brincadeira, percebemos que, utilizando um som pouco comum, não era preciso chamar a menina aos gritos. Além disso, evitávamos a típica repreenda: "Estou chamando você há uma hora! Você não escuta? Vou esconder o controle remoto da televisão!"

Características

Número de participantes: No mínimo você e seu filho. Se houver mais crianças na casa, será ainda melhor, porque assim todos virão ao ouvir o som e seu filho se sentirá importante por ser o protagonista de uma brincadeira tão criativa.
Interior ou exterior: Ambos.
Idade: A partir dos 3 anos, ou até antes. Fiz um teste com crianças de 2 anos e elas atenderam sem problema.
Melhor horário: Durante a refeição que é mais problemática para você: o café da manhã, o almoço ou o jantar.

Materiais

- Um sino (ou qualquer outro objeto sonoro: chocalho, flauta, apito; há alguns que simulam trinados de pássaros); você poderá encontrá-lo em qualquer loja de presentes. Pode dar-lhe um nome engraçado. É ótimo porque a criança poderá tocá-lo.
- Um lugar onde deixar o sino que não esteja ao alcance das crianças.
- Persistência e um monte de sorrisos fritos.

Preparação

1 Chegou a hora do jantar e seu filho está brincando ou assistindo a desenhos animados. Você quer chamá-lo para jantar... Vamos brincar!

2 Vá até o lugar onde está a criança, sente-se ao lado dela e diga que quer falar sobre uma brincadeira muito importante. Desligue a televisão, olhe a criança nos olhos e fale: "Tive uma ideia: a partir de agora, só nós dois vamos saber quando chegou a hora de jantar. Não vou ter mais de chamar você. Adivinhe qual é essa ideia?" É muito importante manter o suspense, porque assim a criança ficará animada.

Começa a brincadeira

1 "Hoje você começa a brincadeira, está bem? Mas terá de explicá-la para ..." (a pessoa que estiver em casa, o pai, a avó...).

2 Leve seu filho até a cozinha e mostre-lhe o sino (não se esqueça de dizer o quanto é mágico e maravilhoso): "A partir de agora, todas as noites vamos saber que chegou a hora do jantar porque eu vou tocar o sino. Então, como é um código secreto, você virá sem que eu precise chamar. Todos os que estiverem em casa nesta hora ficarão admirados, e como não vão saber o que significa o *din-don*, você terá de dizer a eles: 'Vamos jantar!'"

3 Depois que ele se apresentar para o jantar, pode dar-lhe o sino como recompensa e pedir-lhe que avise os outros para se sentarem à mesa.

Conselhos e variantes

- Alterne o uso do sino: um dia é a vez da criança, no dia seguinte você se encarrega de tocar, e assim por diante.

- Não se esqueça de fazer esta brincadeira se houver mais crianças em casa. É incrível como elas surgem de todos os cantos sem que seja preciso chamá-las. Umas contam para as outras!

- Deixe que seu filho toque o sino sempre que quiser. Às vezes eu pergunto aos meus: "Quem quer tocar o sino?"

- Não deixe o sino ao alcance das crianças. Ele precisa ser um elemento associado exclusivamente a um hábito.

- Lembre-se: ao elogiar seu filho pelas coisas boas em vez de repreendê-lo pelas coisas ruins, você o incentivará a fazer bem as coisas.

Valores

- **OBEDIÊNCIA:** Com esta brincadeira, levamos nosso filho a atender às nossas indicações de forma positiva, reforçando assim sua autoestima e a harmonia em família.

- **PLANEJAMENTO:** É bom que as crianças sigam uma ordem. Se desde pequenas se acostumam a fazer sempre o que devem e não o que têm vontade, saberão desenvolver-se de forma decidida ao chegar à idade adulta.

- **AFETIVIDADE:** Se uma criança consegue alguma coisa por meio de uma ordem positiva e afetuosa, terá mais constância no momento de repeti-la.

8 QUADRO DE HORTALIÇAS

Para inovar na cozinha, é preciso pensar como crianças.

Juan Mari Arzah

Utilidade

A partir dos 3 anos, idade em que as crianças devem comer sozinhas, elas começam a separar alimentos e, em muitos casos, a eliminá-los de sua dieta. Nós, pais, que até aquele momento lhes demos verduras e frutas todos os dias, começamos a camuflar esses alimentos em purês ou em outros preparados, pensando que o importante é que sejam consumidos.

Desde pequenas, as crianças devem saber que é importante manter uma dieta saudável e equilibrada; todos os alimentos são imprescindíveis para o correto desenvolvimento de seu corpo. A partir dos 3 anos, elas também começam a ter acesso às guloseimas ou a bolos e biscoitos. Uma criança que chega obesa à adolescência dificilmente voltará a seu peso ideal.

Com esta brincadeira, as crianças aprendem a brincar com as hortaliças e as frutas, familiarizando-se com esses alimentos e divertindo-se com eles.

Experiência

João tem 4 anos. Até os 3, comia verduras e legumes todos os dias em forma de purê na hora do almoço e ao natural no jantar, embora em pequena quantidade. Então descobriu que sua mãe ficava nervosa sempre que ele dizia que não queria comer feijão.

Ao encontrar um pedaço de cenoura ou de tomate no prato, fazia cara de nojo e nem sequer o tocava. Pedia que sua mãe o tirasse dali. Ela, obviamente, para não ouvi-lo reclamar...

Foi então que criamos a oficina de arte na cozinha.

⌇ **QUADRO DE HORTALIÇAS**

Alimentos para experimentar

Seu filho experimentará novos alimentos mais facilmente se souber que não precisará comer algo de que não gosta. Não o obrigue a comer algo de que não gosta. Incentive-o com alimentos que você come: "Experimente. Se não gostar, não precisa comer." Se ele souber que pode tirá-lo da boca, se sentirá seguro.

Características

Número de participantes: No mínimo você e seu filho. É ótimo se você tem mais filhos ou se alguns amigos participam.
Interior ou exterior: Interior. É melhor fazer a brincadeira na cozinha.
Idade: A partir dos 3 anos, idade em que as crianças começam a separar alimentos.
Melhor horário: Quando você quiser; um bom horário é à tarde ou nos fins de semana. Ideal para um dia em que você não puder sair.

Materiais

- Todas as hortaliças e frutas que quiser.
- Tigelas ou pratos para separar os alimentos por grupos; assim a criança poderá experimentar todos.
- Algum apetrecho que possa ser usado como decoração: bolas de árvore de Natal, fitas, pedaços de tecidos, clipes, borrachas... Dê asas à imaginação!
- Uma mesa. O ideal é que esteja na cozinha. Se não houver mesa em sua cozinha, improvise, estendendo no chão um pano, um papelão ou alguma outra coisa que sirva de suporte para os alimentos.
- Uma bolsinha de gritos de alegria.
- Para um resultado mais efetivo, o ideal é fazer a brincadeira quando for possível mostrar a "obra" para outro adulto, por exemplo, num fim de semana em que a avó, uma tia ou qualquer outra pessoa estejam em casa para ajudar.
- 1 quilo de capacidade de se surpreender.
- Meia porção de aplausos.

45

Preparação

1 Você decidiu começar a brincadeira e dispõe do material necessário. Espere a criança chegar para poder distribuir os alimentos. Desse modo, ela verá você lidar com eles e poderá imitá-lo. É preciso apenas ter as tigelas preparadas e o material de decoração acessório (as bolas de Natal ou qualquer outro apetrecho).

2 Chame seu filho e informe que farão uma brincadeira bem diferente e especial, que será realizada na cozinha: trata-se de uma oficina de arte; a partir de agora, vocês são os artistas. "É uma brincadeira para crianças bem espertas e com muita imaginação. Você é assim?"

3 Logo que a criança entrar, diga-lhe que você vai preparar o material; será uma brincadeira de hortaliças e de frutas. "Vamos fazer juntos um quadro com tudo!"

Começa a brincadeira

1 Comece com os alimentos que a criança menos rejeita. Agora a brincadeira se inicia e você deve levá-la a participar: "Dê-me aquela bola, por favor. Vamos começar a brincar. Que lindo! Vamos fazer uma coisa bem bonita? Papai vai ficar tão feliz em ver!"

2 Pegue as hortaliças e coloque nas tigelas. Estimule seu filho a participar: "Que tal encher esta tigela de bananas e laranjas, e colocá-la num lugar legal?"

3 Mostre-lhe seu entusiasmo sempre que puder. A emoção é um ingrediente a mais!

4 Assim que tudo estiver preparado, coloque os ingredientes na mesa ou no suporte. Comece com alguma coisa fácil, um rosto, por exemplo: O nariz será uma cenoura; os olhos, uma cabeça de alho...

5 É melhor cada um colocar alguma coisa, mas não se preocupe se no início a criança tiver dificuldade. Comece a misturar elementos, perguntando sempre: "Você gosta assim? Ou é melhor tirar isto?"

6 Não se esqueça de que é uma obra de arte e que quanto mais coisas você colocar, melhor. A cor é muito importante. Use todos os acessórios que puder. Não faz mal se no fim não sair um rosto. As obras de arte têm vida própria!

7 Depois que vocês terminarem, dê pulinhos, bata palmas e pegue seu filho no colo. Ao perceber quanto você fica feliz com esta brincadeira, ele vai querer continuar a brincar.

8 Chame algum adulto para ver a obra pronta. Mas ele só deve entrar depois que a obra estiver concluída, para não estragar a surpresa.

Conselhos e variantes

- Utilize os alimentos de que seu filho não gosta e incentive-o a oferecê-los aos brinquedos dele. Já tentou sugerir-lhe que dê uma maçã para seu ursinho de pelúcia favorito? Mas atenção: explique que o alimento não deve ser jogado fora depois. Coma a maçã junto com o ursinho. Nossos filhos devem aprender que a comida é um tesouro.

- Como quase todas as brincadeiras, a presença e a participação de um amigo serão um grande passo para seu filho compartilhar alimentos e brincadeiras com ele.

- Procure variações dos alimentos para seu filho dentro do mesmo grupo. Por exemplo, caso ele goste de queijo, compre vários tipos diferentes. Se a maçã é sua fruta preferida, faça-o experimentar todas as variedades de maçã existentes no mercado.

- Incentive seus filhos a colaborar, sempre que possível, no preparo das refeições. Não há nada mais divertido para uma criança do que quebrar e bater um ovo.

Valores

- **LUTA CONTRA A OBESIDADE:** De acordo com a Organização Mundial de Saúde, a obesidade está catalogada como a epidemia do século XXI. Com esta brincadeira, aproximamos as crianças de uma dieta equilibrada.

- **QUALIDADE DE VIDA:** As crianças que têm uma alimentação saudável também costumam praticar mais esportes, e com isso têm qualidade de vida muito superior à de outras crianças.

- **O PRAZER DA BOA MESA:** Uma pessoa que ama a cozinha tem uma dose de prazer diária garantida. Por que não ensinar nossos filhos a ser pequenos *gourmets*?

9. EU TAMBÉM GOSTO DE PETISCOS

— Eu comeria qualquer coisa — respondeu D. Quixote —, porque acho que me faria muito bem.

Miguel de Cervantes

Utilidade

A obesidade infantil triplicou nos últimos 20 anos. O sedentarismo e os maus hábitos alimentares são os causadores de uma enfermidade que afeta 20% dos estudantes. Entre eles, 75% serão obesos quando adultos.

Por outro lado, a hipertensão em crianças começa a ser um fenômeno preocupante. Os últimos estudos revelam que só nos Estados Unidos há 2 milhões de crianças com hipertensão, responsável, entre outros, por graves problemas cardíacos. A obesidade é a causa principal, e ensinar nossos filhos a comer é a melhor prevenção.

Com esta brincadeira, queremos levar as crianças a perceber que variar a alimentação é divertido e que, além disso, elas terão um crescimento equilibrado.

Experiência

Carlos tem 6 anos. Até os 3 comia de tudo, mas com a vida apressada de seus pais e tendo todas as vontades atendidas pela avó — em cuja casa costuma comer — deixou de se alimentar de forma nutritiva e saudável.

Esta brincadeira é uma das favoritas de Carlos, sobretudo porque faz com que se sinta o rei da casa.

Alimentos da família

Aproveite a predileção de seus filhos por certos alimentos para introduzir derivados ou similares. Por exemplo, se ele gosta de batatas fritas, certamente aceitará berinjela ou cenoura fritas. Se gosta de queijo fundido, que tal servi-lo com algumas rodelas de tomate?

Características

Número de participantes: Ao menos 2. Podem ser mais.
Interior ou exterior: Ambos.
Idade: A partir dos 3 ou 4 anos. A criança deve comer de tudo.
Melhor horário: Antes do almoço ou do jantar.

Materiais

- Um prato comprado especialmente para a ocasião. Se tiver um desenho infantil, melhor, já que só será usado nesta brincadeira.
- Um espaço associado ao lazer. No meu caso, utilizo a mesa da sala e deixo as crianças assistirem a desenhos animados durante algum tempo. Assim, elas a relacionam a algo que não envolve obrigação ou pressão.
- Guardanapos coloridos, ou um babador novo, se a criança é pequena.
- Uma lista de petiscos previamente preparada. Mais adiante sugerimos alguns.
- Um sino como o que usamos em outras brincadeiras.
- Um quarto de paciência bem temperada e um bosque de ternura.

Preparação

1 Você decidiu dar início à brincadeira. Na hora do jantar, diga a seu filho: "Hoje vamos fazer uma coisa muito especial. Como você já é grande, vamos fingir que estamos num restaurante e você veio comer alguns petiscos."

2 Peça que se sente no "restaurante" (nunca no lugar onde depois será servido o jantar) e espere.

3 Traga os petiscos, que devem ser bem pequenos para a criança não perder a fome. Serão servidos um pouco antes do jantar. Ou seja: logo depois dos petiscos vem o jantar. Não deixe passar muito tempo entre os dois momentos, ou o cérebro receberá o aviso de saciedade.

Começa a brincadeira

1 "Boa tarde, senhor, este petisco é especialidade da casa. Chama-se *Serafina, feita com graça fina*." Apresente cada petisco com um toque de humor; se seu filho sorrir, tudo ficará mais fácil.

2 Explique que o prato é novo, assim como o guardanapo, e só serão utilizados naquele restaurante.

3 Coloque o petisco na mesa e saia. É muito importante deixar a criança sozinha com a comida, livre de qualquer tipo de pressão ou curiosidade de sua parte. Peça-lhe para tocar o sino ao terminar de comer. "Quando terminar, senhor, avise-me tocando este sino."

4 Volte para a cozinha e continue a arrumar a mesa para o jantar. Ao ouvir o sino, vá até o local onde está seu filho. "Que beleza! O senhor comeu todo o petisco!" Elogie-o e chame-o para o jantar...

5 Se ele não comer tudo, não faz mal. Você está introduzindo uma nova dose de aceitação de alimentos. O importante é que ele experimente.

Conselhos e variantes

- Comece por alimentos que ele aceite. No primeiro dia, é melhor não inovar muito ou a criança recusará a brincadeira.

- Pode brincar em qualquer momento e em qualquer idade. Eu continuo a fazer esta brincadeira há três anos e as meninas adoram. No entanto, não é conveniente repeti-la mais de três vezes na semana. Uma só é suficiente.

- Se um amigo de seu filho estiver presente, aproveite para fazer a brincadeira dos petiscos. O convidado ficará encantado e seu filho se sentirá orgulhoso por mostrar alguma novidade para o amigo. Como certamente o imitará, aproveite para servir algo bem diferente.

- Costumo preparar os petiscos com parte dos ingredientes do jantar que vou servir. Por exemplo, se estou fazendo uma sopa, pego uma verdura ou um legume de cada tipo e os enfeito com algumas nozes descascadas, regando-os com azeite. Desse modo, não preciso cozinhar nada novo, e mesmo assim o resultado é diferente.

Valores

- **ALIMENTAÇÃO SAUDÁVEL:** Crianças que recebem uma alimentação equilibrada são mais felizes. Além de manter uma boa forma física, uma dieta saudável ajuda a preservar a estabilidade emocional. A obesidade também diminui a autoestima.

- **SOZINHO COM OS ALIMENTOS:** Ao ficar sozinho com os alimentos, seu filho não se sentirá obrigado a comer alguma coisa e ficará mais relaxado. Assim aprenderá a experimentar mais coisas e seu interesse pela variedade aumentará.

10 QUERO TOMAR A SOPA SOZINHO

Uma lembrança da infância me traz uma história com um tema confuso: uma garota que desaparecia atrás de uma parede e seu desesperado cavalheiro procurando uma porta.

Joan Margarit

Utilidade

Entre os 2 e os 4 anos de idade, as crianças perdem o interesse pela comida porque estão mais interessadas em brincar. Sentar-se à mesa não lhes permite aproveitar sua insaciável atividade exploratória.

Isso sem falar que, depois que nosso filho aprendeu a comer sozinho, chega um novo irmãozinho e o maior passa a exigir a nossa atenção voltando a se comportar como um bebê (é o que os psicólogos chamam de síndrome de Peter Pan).

E, por fim: será que já paramos para pensar por que nossos filhos gostam tanto dos hambúrgueres da lanchonete e não dos que preparamos em casa? A diversão deve ter algo a ver com isso…

Com esta brincadeira, queremos que nossos filhos tomem sopa de maneira divertida e alegre, sem deixar de se alimentar sozinhos.

Experiência

Marta não gostava de sopa. Às vezes eu tinha de ajudá-la e ela demorava cada vez mais. Certa noite resolvi comprar macarrão de bichinhos no supermercado, para ver se melhorava.

Sua irmã pensou numa brincadeira que logo se tornou um sucesso. Era utilizada na creche em que ela ficava quando pequena.

Até minha sobrinha Rocío, que tem 13 anos, brincou!

Características

Número de participantes: Ao menos 2, mas não mais de 4 para não se perder.
Interior ou exterior: Interior.
Idade: A partir dos 2 ou 3 anos, quando as crianças começam a comer sozinhas e já falam fluentemente.
Melhor horário: No almoço ou no jantar, quando se costuma tomar sopa.

Materiais

- O prato é importante em todas as refeições. Podemos comprar pratos de cores diferentes. Sempre que vamos fazer uma brincadeira pela primeira vez, é aconselhável incluir também um material novo.
- Macarrão de sopa de bichinhos ou de qualquer outro formato divertido.
- Naturalmente, sopa.
- Um sorriso enorme depois de cada colherada.

Preparação

1 Você foi ao supermercado com seu filho para escolher o macarrão para a sopa. Certamente vai prepará-la no mesmo dia. Diga a ele que está com muita vontade de brincar!

2 Sente-se à mesa com seu filho mais velho e seu filho mais novo. Vai começar a brincadeira.

Começa a brincadeira

1 "Bem, esta brincadeira é para pessoas muito espertas. Antes de comer, temos de dizer o nome de alguma coisa que está em nossa colher."

2 "Eu começo, porque estou com muita vontade de brincar!" (Mostre a seus filhos como funciona a brincadeira.)

3 A colher deve estar cheia (preste muita atenção na colher de seu filho, porque ele tentará pegar um bichinho de macarrão por vez). "A colher deve estar cheia porque assim a brincadeira é mais difícil. Só crianças muito pequenas pegam um macarrão de cada vez…"

4 Diga o nome de um dos elementos que estiver na colher, por exemplo: "girafa!", e coma em seguida, mostrando a seus filhos o que precisam fazer.

5 Mantenha um ritmo constante. De vez em quando, diga como a sopa está gostosa e como esta brincadeira é divertida.

Conselhos e variantes

- Quando for ao supermercado com seu filho, deixe que ele escolha o macarrão para a sopa. Dedique alguns momentos a essa atividade e observe com calma. Quando ele escolher um, demonstre sua alegria e sua vontade de experimentá-lo.

- Se seu filho não está acostumado a tomar sopa de legumes ou de carne, esta brincadeira será bastante útil. Mas será melhor introduzir esses ingredientes pouco a pouco e cortá-los em pedaços bem pequenos para que ele se acostume.

- Nunca obrigue seu filho a comer. Se você fizer isso, ele poderá desenvolver fobia na hora das refeições.

- Todas as crianças sentem fome, só é preciso despertar nelas o prazer de comer.

- Esta brincadeira, como todas as relacionadas com a comida, não funciona com a televisão ligada.

- Se seu filho não tomar toda a sopa, não insista. Retire o prato dele quando todos tiverem terminado.

- Elogie seu filho por comer sozinho diante de outras pessoas. O mérito não é seu, e sim dele.

- Se seu filho se sujar, não faz mal. Coloque-lhe um babador para evitar isso, mas não se esqueça de que, para aprender a comer sozinho, terá de se sujar de vez em quando.

Valores

- **BOA NUTRIÇÃO:** A sopa é um alimento muito nutritivo para nossos filhos, pois pode ser preparada com todo tipo de verduras e legumes, convertendo-se em excelente fonte de vitaminas e proteínas.

- **AUTONOMIA:** As crianças aprendem a ser autossuficientes nas pequenas atividades da casa, da creche ou da escola. Se as ensinamos a comer sozinhas, ampliamos suas capacidades.

- **IMITAÇÃO:** Se nosso filho nos imita nesta brincadeira, também nos imitará em muitas outras atividades. Uma criança que reproduz o que os membros de sua casa fazem também se sente mais integrada.

- **AUTOESTIMA:** Ao adquirir maior autonomia, a criança também terá mais autoestima.

11 VOU BEBER TODO O LEITE!

*Por que a vaca sempre está triste?
Porque é ordenhada todos os dias e
nunca lhe fazem carinho (e, além disso,
tem chifres).*

Gloria Fuertes

Utilidade

Durante a fase de crescimento, as crianças precisam ingerir cálcio para o bom desenvolvimento de seus ossos. O leite contém uma dose elevada desse mineral.

Na juventude, a deficiência de cálcio pode provocar entre 5% e 10% de perda da massa óssea, que com o tempo pode facilitar fraturas.

Com esta brincadeira, queremos que as crianças tomem leite de forma divertida, garantindo assim seu crescimento saudável.

Experiência

Helena sempre tomava leite, mas, de repente, aos 6 anos disse: "Não gosto de leite." Sua mãe passou a fazer de tudo para suprir a falta de cálcio com outros produtos, como iogurtes, queijo etc., e isso logo se converteu num problema.

Até que tentamos fazer esta brincadeira...

Refrescos saudáveis

Com leite podemos preparar saborosas vitaminas ou deliciosas misturas com sucos de frutas. No entanto, não convém dar a filhos leite com aditivos e açúcares ou sucos artificiais.

Características

Número de participantes: No mínimo 2 crianças. Uma delas deve tomar leite.
Interior ou exterior: Ambos.
Idade: A partir dos 3 anos, que é a idade em que as crianças podem brincar de colorir.
Melhor horário: Café da manhã, lanche… e qualquer refeição que inclua leite.

Materiais

- Um copo novo para o leite. Dependendo da idade da criança, você pode comprar um de vidro ou de plástico. Só será utilizado para tomar leite.
- Caso seu filho goste de canudinho, ótimo. Quando são pequenas, as crianças adoram.
- Um amigo que tome leite.
- Um prêmio que seu filho receberá quando voltar a beber leite. Que tal um sorvete com o amigo dele no dia em que tomar um copo chelo?
- Um torrão de abraços de açúcar.

Preparação

1 O primo de sua filha veio tomar lanche com ela. Como ele gosta de leite, este é o momento ideal para fazer esta brincadeira.

2 Avise que o lanche de hoje será especial, porque você vai preparar uma mesa de gente grande e assim eles terão forças para estudar melhor.

3 Sua filha ainda não viu o copo e os novos canudinhos. Coloque uma toalha de mesa com motivos infantis. Seria bom que o lugar fosse diferente do de todos os dias. Que tal improvisar uma mesa no chão do quarto de sua filha com uma pequena caixa? Só hoje!

4 Arrume a mesa. Coloque um pouco de leite no copo de sua filha. Se ela gostar, pode acrescentar achocolatado ou um pouco de mel.

5 Sirva um grande copo de leite para o primo dela.

6 Adicione um prato com biscoitos comuns, misturados com alguns especiais. Mas evite os produtos industrializados.

Começa a brincadeira

1 Chame-os: "Crianças, o lanche está servido!" Em seguida, leve-os para a mesa improvisada. "Hoje vamos lanchar aqui. Helena já é grande e temos de festejar. Por isso ela convidou seu primo. Servi menos leite para ela se acostumar aos poucos."

2 "E agora ouçam a boa notícia: quando Helena beber um copo inteiro de leite, vamos tomar um sorvete em..."

3 Ignore os comentários de sua filha. O primo dela gostará muito da ideia. Continue a perguntar a ele: "Você gostaria de tomar sorvete de qual sabor?"

4 Deixe-os tomar lanche sozinhos. "Quando terminarem, podemos...!" Proponha alguma atividade que você possa fazer com eles – ou que eles possam fazer sozinhos – para que o lanche não demore demais.

5 Nas vezes seguintes já devem voltar a lanchar ou tomar o café da manhã no lugar habitual. Faremos assim só início, para que seja uma novidade.

Conselhos e variantes

- Procure fazer com que seu filho leve leite para a escola. Você pode, por exemplo, colocar na lancheira dele uma caixinha de leite com achocolatado com canudinho. Acrescente um poema como os das brincadeiras do café da manhã. Isso o divertirá e o incentivará.

- Inclua alimentos ricos em cálcio em todas as refeições da família.

- Explique a seu filho que tomar leite é importante para os ossos, e também para praticar esportes.

Valores

- **ALIMENTAÇÃO EQUILIBRADA:** Tomar leite é fundamental para as crianças. Sem ele, podem sofrer uma deficiência de cálcio irreparável no futuro, já que os ossos não cresceriam adequadamente.

12 O SINO VENCEDOR

Os seres humanos necessitam de projetos para sua sobrevivência física e anímica, e, é claro, para dar o melhor de si mesmos.

Juan Carlos Cubeiro

Utilidade

As crianças pequenas precisam de muita atenção, e o ritmo frenético em que a maioria dos adultos vive frequentemente nos impede de desfrutar sua companhia. Por que não aproveitar a hora das refeições para, além de brincar, ouvi-las e fazer com que se alimentem melhor?

Com esta brincadeira, queremos que as crianças se sintam protagonistas na mesa e também vinculem as refeições com uma brincadeira em que, além de comer bem, podem fazer algo tão divertido como... tocar o sino!

Experiência

Sempre que ia à casa de sua avó, Marta tocava o sino que ficava na mesa. Era um sino muito bonito que ela gostava muito de tocar.

Um dia recebeu um de presente de sua tia e o levamos para casa com muita emoção. Todas as crianças queriam tocar o sino. Nós o colocamos num lugar privilegiado para ocasiões especiais.

No dia seguinte, recebemos a visita de seu primo Francisco. Ele não queria comer, e então pensei que o sino seria a brincadeira mais divertida daquele verão...

Características

Número de participantes: No mínimo 2.
Interior ou exterior: Ambos.
Idade: A partir dos 3 anos.
Melhor horário: Na hora das refeições.

Materiais

- Um sino pequeno para a criança tocar.
- A mesa posta.
- Muita emoção.

Preparação

1 Antes de vocês se sentarem à mesa, explique às crianças que é um dia especial, pois poderão brincar na hora da refeição.

2 Pegue o sino e peça que todos se sentem à mesa para lhes explicar a brincadeira.

Começa a brincadeira

1 Quando todos estiverem sentados, coloque o sino no meio da mesa e explique: "Este é um sino muito importante. Só deve ser tocado quando um de nós acabar de comer. O primeiro que terminar a porção de... (aproveite o dia para preparar um prato de verduras ou de algo de que as crianças menos gostem, mas sirva bem pouca quantidade) será o vencedor e poderá tocar o sino primeiro. Em seguida, os que forem acabando também poderão tocar. Todos os outros batem palmas, está bem?"

2 Tenha o cuidado de não ser o primeiro a terminar; deve ser uma das crianças.

3 Incentive seu filho a comer para poder tocar o sino. Se necessário, faça um pouco de vista grossa para que ele vença e fique motivado.

4 Ao final da refeição, guarde o sino. Ele só deverá ser usado quando você servir alimentos mais difíceis ou quando houver convidados, para que se divirtam.

Conselhos e variantes

- Se possível, compre o sino quando não estiver com as crianças. Se seus filhos o encontrarem, avise que está reservado para uma brincadeira muito divertida que você imaginou e, portanto, não pode ser tocado antes disso. Se as crianças podem usar alguma coisa sempre que quiserem, acabam perdendo todo o interesse.

- As crianças maiores também podem participar da brincadeira, mas caso o vencedor seja sempre seu filho mais velho, peça-lhe para deixar seu irmão menor ganhar de vez em quando, pois isso é muito importante para ele. Esclareça o objetivo da brincadeira para eliminar algum tipo de ciúme e fazer de seu filho mais velho um aliado.

- Quando a criança dominar a brincadeira, sugira que procure outro instrumento (por exemplo, um apito ou uma gaita). Assim, mudamos o suporte, mas não a finalidade da brincadeira.

Valores

- **COMPETITIVIDADE:** Sendo incentivados a ser competitivos na medida certa, nossos filhos aprendem a se superar constantemente. Nesta brincadeira, não há um vencedor absoluto, e sim vencedores individuais.

- **AUTOESTIMA:** O aplauso de todos será um presente para seu filho.

- **RECOMPENSA AO ESFORÇO:** Com esta brincadeira, seu filho terá duas recompensas: a sua atenção, e o elogio dos outros ao tocar o sino. Pode-se pedir mais que isso? Assim, ele aprenderá que deve fazer alguma coisa para agradar aos outros, que seu esforço e seu bom comportamento são valorizados.

- **UNIDADE:** A brincadeira fica ainda mais divertida com mais participantes. Garanto que seu filho lhe pedirá para brincar sempre que receber a visita de amigos.

13 GANHO PONTOS AO COMER

Quando voltou para casa, seus pais a receberam com suas torradas de pão integral preferidas e também lhe serviram, excepcionalmente, suco de nectarina. "Isso é porque você está se comportando muito bem, Serena."

Juan Cruz

Utilidade

Por que os alimentos não podem ser um lindo presente?

Numa das brincadeiras apresentadas neste livro já vimos que, enfeitando a comida, podemos levar nossos filhos a terem uma alimentação saudável e equilibrada.

É bom lembrar que uma boa alimentação é garantia de um corpo saudável. Ao contrário, o abuso de gorduras e açúcares traz problemas para toda a vida.

Experiência

As pessoas que se alimentam bem são mais felizes. Se ensinamos biologia e meio ambiente para nossos filhos, por que não ensiná-los a cuidar de seu corpo?

Um monitor de acampamento pensou nisso e chamou-me para pensarmos numa maneira de levar nossos filhos a comer verduras e legumes durante as férias. Então, criei esta brincadeira, que obteve excelentes resultados. Minha sobrinha Rocío foi para esse acampamento e me contou tudo com detalhes. Justamente ela, que não comia verduras!

Compensar para gostar

Se o seu filho não gosta de verduras nem de lentilhas, não sirva esses alimentos no primeiro dia. O ideal é misturar um alimento de que ele gosta muito com outro de que gosta pouco.

Características

Número de participantes: No mínimo 2 (melhor se forem muitos).
Interior ou exterior: Ambos.
Idade: A partir dos 5 anos.
Melhor horário: Na hora do almoço ou do jantar.

Materiais

- Uma folha de papel para anotar os alimentos e os pontos de cada um.
- Outra folha com os nomes dos participantes e a data, já que os pontos obtidos nesta brincadeira são cumulativos.
- Um menu com alimentos variados (por exemplo: verduras e legumes de diferentes tipos, lentilhas e frutas para o almoço) preparado por você.
- Sua companhia para a brincadeira. A presença de algum adulto é importante.
- Tempo suficiente.
- A mesa posta.
- Um prêmio para o vencedor. É recomendável que seja algo de que a criança goste e que seja saudável. Por que não um sorvete natural?
- Muita animação.

Preparação

1 Você decidiu começar a brincadeira hoje. É sábado e você dispõe de tempo suficiente. Faça uma lista com os alimentos que vai preparar. Por exemplo: salada variada e macarrão com molho de tomate; de sobremesa, frutas.

2 O primeiro prato, a salada, deve ter ingredientes variados. Coloque num prato o tomate, no outro a alface, no outro o atum, o milho... e assim sucessivamente. Cada

alimento receberá uma pontuação para que a criança aprenda a preparar sua própria salada. O segundo, o prato de que ela gosta, e com o qual você não tem problemas, será servido completo e obterá uma pontuação global.

3 Faça o mesmo com as frutas: atribua mais pontos àquela de que seu filho menos gosta.

4 Anote o nome de cada alimento em uma linha, acompanhado da respectiva pontuação. A salada completa vale mais pontos, pois tem mais ingredientes. Em princípio, as verduras, os legumes e a salada, assim como as frutas, devem valer mais pontos.

5 Coloque a lista na porta da geladeira ou num lugar em que todos possam vê-la enquanto fazem a refeição.

6 Coloque o primeiro prato (todos os de verdura) na mesa e avise as crianças: "Vamos começar a brincadeira!"

7 "Cada um de nós pode escolher a verdura ou o legume que quiser. É importante obter os maiores pontos possíveis. Ganhará quem conseguir a maior pontuação. Os pontos são cumulativos, e por isso o vencedor será aquele que somar mais pontos no final. E o prêmio será..."

8 Não ligue se seu filho reclamar que não gosta de alguma coisa. Ignore-o e mude de assunto. Esqueça o que ele disse.

Começa a brincadeira

1 Incentive seu filho: "Tente comer de tudo, mesmo que só um pouquinho, para somar mais pontos."

2 Se perceber que seu filho se limita a experimentar o alimento, incentive-o a comer só mais um pouco: "Com três colheres, acho que você poderá conseguir mais pontos..."

3 Quando terminarem o primeiro prato, anote o total de pontos de cada um. Não faz mal se a criança não comeu tudo; o importante é que tenha experimentado um pouco de cada alimento.

4 Como seu filho gosta do segundo prato, não haverá nenhum problema. Além disso, ele vai comer com todo o gosto, porque sabe que está somando pontos sem dificuldade.

5 No final, servimos a sobremesa e fazemos o mesmo que fizemos com as verduras e legumes. Coloque na mesa todas as frutas que você tiver incluído na lista de pontos e deixe que a criança escolha a que quiser.

6 O vencedor deste almoço deve ser elogiado e aplaudido. Peça-lhe que fique num lugar especial (no meio da cozinha, por exemplo) e todos vocês o homenagearão. Este reconhecimento é ideal para começar a associar a satisfação com o ato de se alimentar bem.

Conselhos e variantes

- Procure servir primeiro o alimento de que seu filho menos gosta. Minha filha menor, por exemplo, prefere a salada às lentilhas, por isso deixo a salada para o final.

- Gosto de deixar bem à vista o segundo prato – aquele de que a criança mais gosta. Funciona como um incentivo para terminar logo o primeiro.

- Se perceber que seu filho deixa um pouco de verduras e legumes nas primeiras vezes, não o obrigue a comer. Se você fizer isso, ele perderá o prazer de saborear pratos novos, assim como o interesse pela brincadeira.

- Deixe que seu filho se sirva – com sua ajuda – de azeite e vinagre. Assim você promoverá a independência dele e o levará a participar de uma alimentação saudável.

- Evite que seu filho belisque entre as refeições e não inicie esta brincadeira se ele já comeu alguma coisa. Espere um momento mais apropriado

- O importante é que a criança coma os três pratos. Caso ela queira repetir, diga que poderá fazê-lo quando terminar a sobremesa.

Valores

- **ALIMENTAÇÃO SAUDÁVEL:** Ensinar nossos filhos a se alimentar de maneira saudável é ajudá-los a crescer em harmonia com seu corpo. Uma alimentação equilibrada é essencial para o desenvolvimento e o crescimento físico e mental das crianças.

- **DIETA EQUILIBRADA:** Com esta brincadeira, mostramos a nossos filhos que nosso corpo recompensa uma forma correta de se alimentar.

14. MAMÃE, QUERO COMER FRUTAS!

O amor é uma fruta da estação o ano inteiro.

Madre Teresa de Calcutá

Utilidade

Quando nossos filhos são pequenos, é muito difícil acostumá-los a comer frutas. Depois de convencê-los a comer, percebemos que deixam de fazê-lo à medida que crescem. Por comodidade, servimos a eles outra sobremesa ou sucos (que de modo algum substituem as frutas). Se pudéssemos fazer com que, pelo menos uns dois dias da semana, levassem frutas para o lanche da escola seria uma vitória. Além de ser mais fácil, é excelente para o crescimento deles. Com esta brincadeira, conseguimos fazer isso!

Experiência

Isabel voltava da escola com o lanche da manhã intacto. Além de não comer a fruta que levava, deixou de comer também os pequenos sanduíches e outros petiscos. Desde as oito da manhã, quando tomava o café, até as duas da tarde, hora do almoço, ficava de estômago vazio.

Uma noite me sentei para pensar numa solução e de repente vi uma linda banana na fruteira...

No dia seguinte, Isabel não apenas comeu o lanche, mas me trouxe um bilhete de sua professora dizendo que eu inventara uma coisa genial. E eu só havia decorado a banana pintando-lhe olhos e boca!

Características

Número de participantes: Seu filho e você.
Interior ou exterior: Ambos.
Idade: A partir dos 4 anos.
Melhor horário: Café da manhã, lanche ou jantar. Quando a criança tiver de comer frutas.

Materiais

- As frutas que você quiser. É aconselhável começar com uma banana, já que todas as crianças gostam dessa fruta.
- Rotuladores para CD (você pode adquiri-los em lojas de informática ou em papelarias).
- Sacos para lanches ou papel-toalha.
- Mãos cheias de alegria.

Preparação

Na noite anterior, prepare o lanche que seu filho levará no dia seguinte para a escola. Faça isso num lugar onde ele não puder ver você. Espere que ele vá dormir ou então prepare-o de manhã, antes que acorde.

Começa a brincadeira

1 Pegue uma banana e pinte uma boca, olhos e cabelo na casca.

2 Deixe secar.

3 Embrulhe-a apenas um pouco antes de colocá-la na lancheira, pois, como você sabe, bananas amadurecem muito rápido.

4 Antes de se despedir de seu filho, diga-lhe que não se esqueça do lanche. Se na maioria das vezes ele nem sequer abre a lancheira, avise que nesse dia está levando algo especial.

5 Os amigos dele gostarão muito de ver a banana desenhada, e seu filho será o centro das atenções.

Conselhos e variantes

- Se amigos, algum sobrinho ou parente vierem lanchar em casa, incentive-os a pintar a fruta do jeito que quiserem. Garanto que vão se divertir muito! Você pode tomar lanche com eles, é claro.

- De vez em quando não deixe de comer frutas diante das crianças, para que elas percebam o quanto você gosta desse alimento.

- Varie os tipos de frutas, não envie sempre as mesmas; aproveite as frutas da estação. Além de pintá-las, você também pode vesti-las ou colocar-lhes um laço.

- Aproveite esta brincadeira para que os cafés da manhã ou os lanches de seus filhos se convertam em algo inovador. Introduza neles alguma surpresa.

- Costumo "incrementar" a fruta com algum outro alimento de que as crianças gostam: por exemplo, embrulho frutas secas com algumas nozes ou azeitonas. Assim, elas associam a fruta a algo gostoso.

- Se recebo visitas, primeiro sirvo algumas frutas e em seguida uma porção de chocolate. Assim ninguém reclama!

- Não abuse desta brincadeira. A criança não deve saber quando as frutas estarão decoradas ou pintadas. Se ela se acostumar, perderá o interesse. No início, faça isso umas três vezes por semana, em seguida uma e mais adiante apenas de vez em quando. Procure alternativas para que seu filho não se entedie.

- As crianças que já reconhecem o próprio nome adoram vê-lo escrito nas frutas.

Valores

- **ALIMENTAÇÃO SAUDÁVEL:** As crianças precisam de frutas. Mostre-lhes que esse alimento deve fazer parte da dieta cotidiana.

- **DIVERSÃO:** Ao levar um lanche especial, seu filho será o centro das atenções de seus amigos e lhe pedirá para prepará-lo mais vezes.

15 O PRÊMIO É UM JANTAR

Comer envolve uma arte de viver, uma arte de aproveitar a vida.

Jean-Marie Bourre

Utilidade

Se associamos a hora das refeições a algo bom e prazeroso, se levamos nosso filho a perceber como é maravilhoso comer para crescer por dentro e por fora, ele certamente terá prazer em se alimentar.

Com esta brincadeira, pretendemos criar o hábito de ter uma boa alimentação.

Experiência

Isabel e Marta almoçam na escola. Em casa, não se alimentam tão bem, e não consigo obrigá-las a comer. Durante o jantar, fazemos esta brincadeira e assim elas vão somando pontos para que, uma vez por semana, ganhem seu jantar preferido.

No início, elas sempre escolhiam o mesmo cardápio, mas com o tempo foram variando ao se dar conta de que cada alimento novo que introduziam em sua dieta era uma grande descoberta.

Características

Número de participantes: Pelo menos 2.
Interior ou exterior: Ambos.
Idade: A partir dos 3 anos.
Melhor horário: Em qualquer refeição.

Materiais

- Lápis e papel para elaborar um horário.
- Vontade de se divertir.

Começa a brincadeira

1 Elabore um calendário com os dias da semana. Sente-se com seu filho enquanto lhe explica em que consiste o jogo. Peça-lhe que procure um lugar para afixar o programa para que ele possa preenchê-lo sozinho. (Eu costumo deixá-lo na porta da geladeira.)

2 Diga a ele: "Você vai adorar este jogo. Se jogarmos direitinho, teremos um prêmio maravilhoso: um jantar! Se você ganhar, poderá escolher os alimentos que quiser. Imagine só: nesse dia, você vai poder comer o que quiser! Será como um convidado de honra: vamos preparar uma mesa muito especial em que ficaremos todos juntos." (Lembre-se de que o melhor presente para as crianças é ter a atenção de seus pais.)

3 Junto com seu filho, faça uma lista de seus alimentos preferidos. Escreva com ele todos os que ele gostaria de ter em seu jantar de prêmio, mas escolha apenas dois. Descarte os alimentos pouco saudáveis.

4 Anote no calendário a data do jantar de recompensa. O principal objetivo é a motivação, e ela deve estar presente todos os dias.

5 A cada dia vamos atribuir pontos à alimentação da criança em casa. Se ela almoçar na escola, os pontos serão computados no jantar. Diga-lhe: "Sempre que você jantar bem, marque um traço no calendário. Cada quatro traços dão direito a um jantar de recompensa!"

6 Ao final de cada dia que ela se alimentar bem, desenhará um traço no seu calendário. Não deixe de estar ao lado dela nesse momento e de demonstrar sua satisfação: "Faltam apenas dois dias!"

7 No dia em que ela não jantar bem, não fará nenhum ponto.

8 Caso perceba que ela tem muita dificuldade da primeira vez, abra uma exceção e reduza o número de dias para obter a recompensa.

9 Uma vez completados os traços, seu filho poderá receber o jantar de recompensa. Elogie-o muito e escolham juntos a data para celebrá-lo. Em geral, as crianças pedem que o jantar seja no dia seguinte. Não deixe de realizá-lo, pois se você adiar muito seu filho perderá a animação.

Conselhos e variantes

- Faça este jogo nas refeições em que a criança costuma comer menos. Pode ser o jantar, por exemplo.

- Procure oferecer a seu filho uma alimentação variada.

- Como todos os jogos, este também requer um tempo de amadurecimento e de descanso. Depois de três ou quatro jantares de recompensa, descansem um pouco. Lembre-se de que as crianças não demoram a perder o interesse.

- Se quiser, peça para seu filho ajudar a preparar o jantar de recompensa ou então diga-lhe que é um convidado de honra e prepare tudo sozinha. Deixe que ele escolha.

- Se seu filho almoça na escola e vocês não podem jantar juntos, faça este jogo durante as férias ou nos fins de semana.

Valores

- **BOA ALIMENTAÇÃO:** Ensine seu filho a ter uma alimentação variada e saudável.

- **COZINHA SAUDÁVEL:** Faça-o participar do cardápio familiar. As crianças são pequenos grandes cozinheiros.

BRINCADEIRAS PARA ENSINAR

Bons hábitos de comportamento

16 MINHAS PEQUENAS RESPONSABILIDADES

Não nos tornamos sábios ao lembrar o nosso passado, e sim ao nos responsabilizar por nosso futuro.

George Bernard Shaw

Utilidade

As crianças vão crescendo e, pouco a pouco, suas responsabilidades aumentam. Ao incentivá-las a assumir diferentes tarefas adequadas à sua idade, nós as ajudamos a crescer e a ter mais autonomia.

Experiência

Carlos acaba de completar 8 anos. Sua mãe acha que já é hora de ser mais independente em suas atividades cotidianas. Para tanto, o encarrega de certas responsabilidades.

Ao educar um filho, às vezes o acostumamos a algumas rotinas que mantemos mesmo que ele já esteja maior, entre elas: vesti-lo, dar-lhe banho, escolher por ele, arrumar o quarto dele para poupar tempo... Desse modo, a criança se habitua com o fato de sua mãe fazer tudo por ela e se torna preguiçosa. É preciso evitar isso desde o princípio.

Características

Número de participantes: Seu filho e você.
Interior ou exterior: Interior.
Idade: A partir dos 8 anos.
Melhor horário: No decorrer do dia.

Materiais

- "O horário-relógio das responsabilidades", no qual serão registradas as tarefas que serão realizadas pela criança.
- Tarefas incluídas nesta brincadeira, adequadas para uma criança a partir dos 8 anos de idade:
  - Escolho minha roupa com a ajuda de minha mãe.
  - Tiro os pratos da mesa no café da manhã.
  - Escovo os dentes.
  - Ajudo a pôr a mesa.
  - Ajudo a tirar os pratos.
  - Faço a lição de casa.
  - Saio com meus amigos e volto para casa na hora em que minha mãe determinou.
  - Arrumo meu quarto depois de brincar.
  - Preparo a roupa, tomo banho com a supervisão de minha mãe e recolho as toalhas.
  - Ajudo a tirar os pratos do jantar.
  - Leio uma história e vou dormir.
- Com o passar do tempo, a brincadeira se tornará automática. Nosso filho realizará as tarefas sem que seja preciso dizer-lhe o que tem que fazer; elas passarão a fazer parte de sua rotina.

Preparação

Elaborem juntos um horário-relógio: recorte uma cartolina em forma de círculo e escreva ou desenhe as tarefas circularmente como se fossem as horas do relógio; recorte também um ponteiro grande de cartolina preta, para marcar as tarefas que vão sendo realizadas, e vários ponteiros de cartolina vermelha, para indicar as que ficam sem fazer.

Começa a brincadeira

1 Carlos se levanta de manhã e olha seu horário-relógio de responsabilidades para fazer as tarefas correspondentes a esse dia: escolhe a roupa com a ajuda de seu pai ou de sua mãe, se veste, toma o café da manhã sozinho, recolhe os pratos, escova os dentes, prepara a mochila e vai para a escola com o pai ou a mãe.

2 À tarde continuam suas atividades em casa: fazer a lição, brincar, tomar banho...

3 O ponteiro do relógio deve mover-se à medida que as tarefas são realizadas. Se alguma fica sem fazer, terá de ser indicada com um dos ponteiros vermelhos.

4 Ao fim do dia, veremos se o ponteiro do relógio deu a volta completa. Se a criança deixar de fazer as tarefas e não se empenhar, terá tempo de menos. Por exemplo: se não fizer duas tarefas, terá 10 minutos a menos de seu tempo de lazer para ir brincar com seus amigos, jogar ou assistir a um pouco de televisão.

Conselhos e variantes

- De preferência, o relógio deverá ser colocado no quarto da criança para ficar sempre à vista dela.

- Deixe seu filho seguir seu próprio ritmo. O importante é que cumpra as tarefas recebidas, mesmo que acabe muito tarde. Ele só não pode deixar de se esforçar...

Valores

- **CONVIVÊNCIA:** Desse modo levamos a criança a perceber a importância de ter um bom relacionamento em casa.

- **INDEPENDÊNCIA:** Favorecemos a autonomia de nossos filhos.

- **DISCIPLINA:** Ensinamos à criança o conceito de responsabilidade.

17 VAMOS TODOS PRATICAR ESPORTES!

O esporte é o grande preservador da saúde.

Hipócrates

Utilidade

O esporte ajuda seu filho a crescer com saúde e a se relacionar bem com as outras crianças, ao mesmo tempo que ajuda a ter disciplina. Além disso, a criança terá mais autoestima se encarar o esporte como uma diversão, especialmente se os pais a acompanham e se sentem orgulhosos dela.

No entanto, não é raro nossos filhos começarem a praticar um esporte e em seguida se aborrecerem por preguiça de ir aos treinos. Com esta brincadeira, queremos ajudar os pais que deparam com essa falta de motivação desportiva por parte de seu filho.

Experiência

Isabel joga tênis. É uma criança com várias habilidades e seu rendimento é muito bom, mas há algum tempo está entediada. Não quer ir treinar e procura as mais variadas desculpas. Em seu curso há diversas crianças com o mesmo problema; entre elas, um amigo de Isabel.

Decidimos testar esta brincadeira e às vezes convidamos o amigo de Isabel. Os pais do menino não acreditaram: meia hora antes de sair, ele já estava preparado para ir treinar!

Pais e torcedores

Procure assistir a todos os eventos esportivos que puder com seu filho. Se não puder ir, não deixe de se interessar sempre pelos resultados. Anote todos os dias em que ele jogar ou treinar e, ao chegar em casa, pergunte-lhe como foi o treino e se aprendeu alguma coisa nova.

Características

Número de participantes: Ao menos 2. O ideal é a família toda.
Interior ou exterior: Ambos.
Idade: A partir dos 5 anos, quando as crianças têm a psicomotricidade suficientemente desenvolvida para praticar a maioria dos esportes.
Melhor horário: Antes de ir para o treino. Se o fizermos depois, o efeito não será o mesmo.

Materiais

- Tempo livre antes de ir para o treino; é a base para levar seu filho a ficar motivado, e seu melhor apoio. Se a família inteira não puder participar, ao menos um dos pais deve estar presente.
- Um lugar atraente para fazer um lanche, tomar um sorvete ou o café da manhã.
- Um grande coração que faça seu filho se sentir importante.

Preparação

1 É sexta-feira. No sábado sua filha tem treino de basquete às 11 da manhã, por exemplo. Há alguns dias ela diz que não quer ir e fica reclamando. Então você decide realizar esta brincadeira.

2   À tarde, diz a toda a família que no dia seguinte todos vão assistir ao treino de sua filha. Acrescenta: "Além disso, também vamos tomar café da manhã juntos. Vamos comer sanduíches!"

3   O importante é que a criança associe o esporte a uma atividade de lazer. Neste sentido, a comida é um elemento de motivação.

Começa a brincadeira

1   É sábado de manhã e tudo deve estar preparado para o lanche. Não faz mal se as tarefas de casa não estiverem concluídas; combine com sua família que na volta terminarão o serviço juntos. O fundamental é levar sua filha a perceber que ir treinar é importante para todos. Ela é a causa de uma reunião familiar maravilhosa. Existe alguma coisa melhor que isso?

2   Vocês chegam a uma lanchonete e, enquanto tomam o café da manhã, falam sobre como é bom praticar esportes, mostrando-se muito animados em assistir ao treino. Isso fará com que sua filha se sinta feliz.

3   O importante não é ficar com ela durante todo o treino, mas acompanhá-la. Uma vez ali, basta ficar por alguns instantes. Ela já estará motivada.

4   Podem fazer esta brincadeira sempre que quiserem. Uma vez por semana está ótimo.

Conselhos e variantes

- O esporte é um hábito que você pode criar em seu filho desde a primeira infância. Desta maneira, ele chegará à adolescência com um bom desenvolvimento físico e mental; manter-se em forma é um sinal de saúde.

- Os pais também devem praticar algum esporte. Seguindo nosso exemplo, nossos filhos terão menos dificuldade em ser esportistas.

- Os pais devem ensinar os filhos a competir honestamente, já que as crianças transferem os valores que aprendem para suas brincadeiras e para as outras atividades de sua vida.

- A televisão, neste caso, pode ser um elemento importante. Vocês podem assistir com seu filho a algum evento desportivo relacionado com o esporte que ele pratica.

Valores

- **DISCIPLINA:** A prática do esporte faz com que seu filho se acostume mais facilmente a seguir regras.

- **PERDA DA TIMIDEZ:** Ao se relacionar com outras crianças, seu filho se torna mais aberto e sociável.

- **PSICOMOTRICIDADE:** O esporte desenvolve a coordenação, além de expandir as capacidades motoras.

- **UNIÃO FAMILIAR:** Esta brincadeira une a família em torno de uma prática esportiva. Aproxima seus membros e os estimula.

- **AUTOESTIMA:** Uma criança que pratica esportes e se sente valorizada terá maior confiança em si mesma.

18. JÁ NÃO SINTO CIÚME

Se alguma vez a vida te maltratar,
lembra-te de mim,
pois não pode cansar-se de esperar
aquele que não se cansa de te olhar.

Luis García Montero

Utilidade

A entrada em cena de um irmãozinho ou uma irmãzinha pode ser motivo de ciúme. É normal que as crianças fiquem enciumadas. Todos querem ser os preferidos de seus pais e, se de repente pensam que perderam o lugar, sentem-se frustrados ou com ciúme.

Nestes casos, o melhor é elevar a autoestima da criança para levá-la a se sentir segura de que seu irmão não lhe tirou o amor de seus pais, mas que simplesmente ambos o compartilham. A criança tem medo de que os pais prefiram o irmão, e por isso mudam de comportamento para chamar a atenção ou então para expressar sua angústia.

Com esta brincadeira, nosso filho mais velho terá certeza de que temos por ele o mesmo amor que temos por seu irmão.

Experiência

Quando Maria nasceu, Francisco tinha 4 anos, idade suficiente para perceber que já não era o rei da casa. Maria era uma criança linda e, quando começou a crescer, além de se alimentar muito bem, estava sempre sorrindo. Era encantadora, e Francisco não podia suportar isso.

Com esta brincadeira, o menino aprendeu a liberar seus sentimentos de ódio e a canalizá-los, a ponto de ajudar a mãe a trocar as fraldas da irmã.

Vitamina A (de Amor)

O ciúme faz parte da vida. Não podemos eliminá-lo totalmente, assim como não podemos prevenir um resfriado. As vitaminas para combater o ciúme são o amor e a compreensão.
Com eles, nosso filho terá mais defesas.
Não podemos eliminar o ciúme, mas podemos fazer que se manifeste menos vezes e que a criança o supere quando ele surgir.

Características

Número de participantes: Seu filho e você.
Interior ou exterior: Ambos.
Idade: Entre os 3 e os 6 anos, fase que, segundo os especialistas, é a mais complicada para superar o ciúme.
Melhor horário: Antes de ir dormir, talvez no final da tarde. Esta brincadeira favorece os sonos positivos, já que lembra os bons momentos e apaga os ruins.

Materiais

- Esqueça as comparações. Nunca compare seu filho com ninguém, e muito menos com um bebê.
- Uma ou duas horas sozinha com seu filho mais velho. Sem este tempo dedicado exclusivamente a ele, você não poderá praticar esta brincadeira; faça-a duas vezes por semana.
- Uma sacola furada de ternura e beijos.
- Uma manta repleta de abraços.

Preparação

1 Você deve saber que seu filho está muito atento a sua resposta afetiva com o bebê. Para ele, a chegada do recém-nascido é o que mais se parece com uma infidelidade para um adulto. De repente, terá medo de perder os privilégios que teve até então.

2 Analise cada situação na qual seu filho observa você quando está com o bebê. Tome nota mentalmente; em dois dias você terá anotações suficientes.

Começa a brincadeira

1 Comece a incluir seu filho. "Estamos muito ocupados com seu irmão e gostaria de passar um pouco mais de tempo sozinha com você. Pensei que seria maravilhoso se nós dois fôssemos ao parque dois dias por semana. O que você acha?"

2 É muito importante que ele lhe conte os sentimentos que tem pelo irmão. Como será difícil, ajude-o. Coloque-se no lugar dele e diga frases como: "Você não gosta que eu passe tanto tempo com o bebê, não é verdade? Sei que às vezes você preferiria estar sozinho de novo." Se você falar desse jeito, ele não se sentirá tão sozinho.

3 À medida que ele for respondendo, abrace-o e diga-o como está orgulhosa dele, do fato de ele ir bem na escola, de praticar esportes etc. Para a autoestima dele é muito importante que você enfatize tudo o que ele faz bem.

4 Ao terminar a conversa, diga a ele: "Tenho uma ideia. Como preciso ficar mais tempo com você, pensei que, se me ajudar a cuidar do bebê de vez em quando, terei mais tempo para outras coisas, e nós dois poderemos ficar sozinhos."

5 A partir desse momento, faça planos para determinados dias e avise-o quando esses dias estiverem próximos.

6 Atribua a seu filho tarefas que ele possa realizar sozinho: por exemplo, peça-lhe para colocar o leite na mamadeira ou para segurar um pouco o bebê quando ele terminar de comer, para evitar que durma.

7 E quando chegar o dia combinado... saia com seu filho para comemorar o fato de vocês por fim poderem ficar sozinhos!

Conselhos e variantes

- Nunca ceda à chantagem emocional de seu filho quando ele chorar pedindo-lhe para comprar o mesmo que comprar para o irmão dele. Cada filho deverá ter o que necessita, não o que quer. Se você atender ao pedido dele, ele entenderá que ser ciumento lhe traz benefícios.

- O ciúme é uma forma de defesa, portanto cumpre uma função. É um sentimento que deve manifestar-se. Se uma criança não demonstra seu ciúme, sofre calada. O diálogo é o melhor remédio para ajudá-la.

- Procure falar no plural quando der um presente a seu filho mais velho: "Papai, seu irmãozinho e eu compramos isto para você."

- Repita várias vezes ao bebê (mesmo que ele não entenda): "Que sorte a sua ter um irmão mais velho que lhe ensina tantas coisas!"

- Se você ainda não teve o bebê, não se esqueça de comprar um pequeno presente para seu filho mais velho. Coloque o presente no berço de seu irmãozinho quando este chegar em casa e exclame: "Veja só o que seu irmão trouxe para você. Com certeza ele quer crescer logo para poder brincar com você".

Valores

- **AUTOCONFIANÇA:** Com esta brincadeira, fortalecemos os pensamentos positivos de nosso filho, eliminando os negativos.

- **AMADURECIMENTO:** O ciúme faz parte do desenvolvimento evolutivo e emocional das crianças. Com esse sentimento, elas também aprendem a amadurecer.

- **COMPARTILHAR:** Com a chegada de um irmão, uma criança deve compartilhar tudo o que a rodeia. Com esta brincadeira, ela aprenderá que, se colaborar e compartilhar, terá o melhor prêmio possível: tempo com sua mãe.

19 O QUE EU FAÇO PELOS OUTROS?

Se numa comunidade há um indivíduo sem empatia social, a vida se torna difícil para todos.

Eduard Punset

Utilidade

Mostrar a nossos filhos que a solidariedade e a bondade são qualidades que nos tornam mais felizes é transmitir-lhes valores que tornarão mais fácil sua relação com os outros e consigo mesmos. As pessoas que pensam nos outros e que são capazes de se colocar no lugar do outro alcançam muitas vitórias em todos os âmbitos da vida.

Experiência

Numa tarde de verão tomei um dos ônibus que percorrem a cidade de Granada.

Ao entrar, havia assentos livres porque era um dos primeiros pontos, mas à medida que avançava o ônibus ficou lotado. Na minha frente ia uma mãe com sua filha de 6 anos, cada uma sentada num banco. Num dos pontos, subiu uma senhora idosa e a mãe pediu à filha que se levantasse e cedesse o lugar para a senhora, sentando-se em seu colo. A menina começou a resmungar e respondeu à mãe que não tinha motivos para fazer aquilo.

A senhora disse que não era preciso. A mãe então pegou a filha, sentou-a em seu colo e cochichou no ouvido dela: "Depois conversamos sobre isso."

19 **O QUE EU FAÇO PELOS OUTROS?**

Ao chegar em casa, não consegui esquecer a situação que presenciara. Por isso decidi fazer alguma coisa para que minhas filhas pensassem nos outros e não cometessem um erro parecido.

Características

Número de participantes: Indiferente, mas no mínimo 2.
Interior ou exterior: Ambos.
Idade: A partir dos 4 anos.
Melhor horário: À noite, para ter o dia inteiro para realizar as ações.

Materiais

- Uma tabela como a mostrada a seguir.

	CARLOS	SÔNIA	PAPAI
SEGUNDA-FEIRA			
TERÇA-FEIRA			
QUARTA-FEIRA			
QUINTA-FEIRA			
SEXTA-FEIRA			
SÁBADO			
DOMINGO			
PRÊMIO:	IR AO CINEMA NO SÁBADO		

- Um pouco de tempo para explicar como funciona o jogo.
- Muita ternura.

Preparação

1 Escolha um dia para começar o jogo. É melhor durante a semana, porque assim a criança poderá fazer algo pelos outros na escola.

2 Veja quem vai participar (sem esquecer os de casa) e explique as regras do jogo para que possam ajudar você a explicá-las para seu filho.

3 Pense numa recompensa que agrade muito a seu filho e da qual todos os jogadores possam participar: tomar um lanche juntos, fazer um desenho coletivo, ir a uma excursão...

4 Reúna todos os participantes na sala. Caso falte alguém, seja o representante dessa pessoa.

5 Explique o jogo: "Vamos aprender que ajudar os outros nos deixa felizes. Todos os dias vamos preencher esta tabela. Nela estão o nome dos jogadores e os sete dias da semana. Ao fim do dia, cada jogador deve preencher sua tabela. Deve completá-la no mínimo cinco vezes na semana para poder ganhar. Mas não haverá nenhum prêmio se nós todos não a preenchermos!"

6 Peça aos jogadores que pensem numa recompensa. O prêmio é muito importante, porque é o que vai dar a todos a motivação.

7 Escolham uma hora em que todos estejam presentes para votar.

8 E agora explique o funcionamento do jogo: "Todos os dias (na hora determinada) temos de nos reunir para votar se o que cada um de nós fez pode valer pontos." Dessa maneira, seu filho não apenas participará, mas também se converterá em jurado do que os outros fazem.

Começa a brincadeira

1 No primeiro dia, comece expondo um caso: "A vizinha não conseguia carregar as sacolas de compras e, como ela já está bem velhinha, eu a ajudei." Depois de contar sua ação, reflita em voz alta, expresse de maneira bem sucinta o que você sentiu e finalmente reafirme seu propósito: "Decidi que vou ajudá-la sempre que puder."

2 Dê lugar a outro participante e deixe que seu filho se prepare para expor sua contribuição. Se ele puder ser o terceiro a falar, ótimo.

3 Anotem os pontos de cada um e aguardem o dia seguinte.

4 No meio da semana, lembre-se de mencionar o prêmio: "Não vejo a hora de termos a nossa recompensa...!"

5 Na data determinada, é claro, aproveitem a recompensa!

Conselhos e variantes

- Se você tem mais de um filho, peça ao mais velho que faça alguma coisa positiva com seu irmão durante determinado dia. Lembre-se de elogiá-lo bastante por promover essa aproximação.

Valores

- **EMOÇÃO POSITIVA:** Ao transmitir a nossos filhos emoções positivas, estamos abrindo para eles a porta da felicidade.

- **AUTOESTIMA:** Estamos recompensando uma criança por ser generosa com os outros, por dedicar seu tempo às outras pessoas e ajudá-las. Estamos dizendo a ela que a sociedade dá mais valor às pessoas que se inter-relacionam. Estamos fazendo com que se torne mais sociável.

- **FORÇA:** Através dessas ações positivas, mostramos a nosso filho seus pontos fortes.

- **JULGAMENTO:** Nossos filhos se convertem em pequenos juízes de atos alheios ao seu comportamento. Desse modo, ensinamos a eles o valor da responsabilidade.

- **GANHAR-GANHAR:** Nosso filho deve aprender que, se faz algo pelos outros, ele também sai ganhando. Ao ceder sua cadeira a uma pessoa mais velha, ganhará o reconhecimento dela. Por que não tentar construir um mundo mais sociável?

20 AJUDO EM CASA

Aprender é um tesouro que acompanha seu dono a todos os lugares.

Provérbio chinês

Utilidade

Uma casa com regras é uma casa sem desordem. Nas atividades domésticas, cada membro da família costuma ser responsável por determinadas tarefas. Por que não atribuí-las a nossos filhos se eles também são membros da família? Se lhes confiamos responsabilidades quando são crianças, ao se tornar adultos poderão levá-las a termo com menos dificuldades.

Com esta brincadeira, ensinamos nossos filhos a cumprir suas responsabilidades domésticas.

Experiência

No verão passado, fui à praia por alguns dias com seis crianças. Apesar de minha irmã e minha mãe também terem ido, foi um caos: as crianças tinham idades entre 4 e 13 anos, e cada uma tinha suas tarefas escolares, seus problemas e seus horários.

Fiz uma reunião familiar primeiro com os adultos e em seguida com as crianças. Decidimos que estabeleceríamos um horário de tarefas desde a manhã até a noite, e que cada um teria seu próprio papel. Ali ficaria determinado tudo o que tinham que fazer.

Demoramos quase duas horas para chegar a um acordo sobre as funções de cada um. Foi muito curioso ver como as próprias crianças se lembravam de atividades que eu havia omitido: pentear os cabelos, preparar a roupa da praia...

No dia seguinte, todas tinham sua lista e andavam pela casa como formiguinhas revisando suas tarefas. Incrível! Já não era preciso ir atrás delas dizendo-lhes para arrumar a cama ou escovar os dentes. E as menores se orientavam por seus desenhos!

Características

Número de participantes: Todos os que se quiser.
Interior ou exterior: Ambos.
Idade: A partir dos 3 anos (as crianças menores que não souberem ler podem orientar-se por desenhos feitos por elas mesmas ou com nossa ajuda).
Melhor horário: Ao longo do dia.

Materiais

- Uma folha de papel e um lápis para cada criança. Isso é muito importante, já que, como a criança elaborará o programa, poderá apagar quando errar ou mudar alguma coisa.
- Tempo: o necessário para pensar e escrever.

Preparação

1 Escolha um dia da semana em que disponha de tempo suficiente para dedicar ao seu filho e ao seu programa.

2 Pense em qual parte das tarefas diárias dele exige mais esforço: levantar-se, fazer os deveres, terminar o jantar...

3 Quando tiver isso bem claro, converse com ele. Explique que vocês vão criar um programa para que ele faça suas tarefas todos os dias sem que você precise lembrá-lo. "Você já é grande, e com certeza sabe o que precisa fazer."

Começa a brincadeira

1 Diga a ele: "Vamos enumerar primeiro as coisas que você tem de fazer ao voltar da escola. Pode ir dizendo enquanto eu escrevo. Veja se não se esquece de nenhuma."

2 Se perceber que seu filho está relutante, diga-lhe que primeiro vocês definirão a parte dele e em seguida a sua. Além de motivá-lo, será bom ele saber tudo o que você faz.

3 Complete você as tarefas (dar-me a lancheira, olhar se há algum bilhete na mochila para mim...), pequenas coisas importantes para criar uma rotina.

4 Quando a lista estiver completa, deixe que ele estabeleça a ordem das tarefas. Ofereça-lhe a opção de organizar o próprio tempo. É indiferente se ele entregar o bilhete da professora no final ou no início.

5 Não estabeleça horários, apenas determine o início e o fim: "Às sete e meia temos de terminar", mas o importante é que ele defina seu horário.

6 Até aqui é a mesma coisa para crianças de 3 a 10 anos. A partir deste ponto, e para as crianças que não sabem escrever, você terá de desenhar diferentes tarefas (pôr a mesa, pendurar o maiô depois da praia etc.), para que elas sigam sua ordem.

7 Pergunte onde ele quer colocar o horário para poder vê-lo quando chegar em casa.

8 Recompense-o. Diga-lhe que, como estão bem organizados e dispõem de mais tempo, um dia da semana você vai levá-lo à lanchonete, ao cinema ou ao zoológico.

9 De vez em quando, ajude-o a fazer suas tarefas. Uma vez adquirido o hábito, elimine o horário.

Conselhos e variantes

- Se você tem filhos mais velhos, incentive-os a pintar os símbolos das tarefas para seus irmãos mais novos. Os desenhos deste livro foram pintados por crianças maiores.

- As crianças têm enorme capacidade de assimilação; para elas, é fácil assumir responsabilidades, já que gostam de se sentir grandes.

- Esta brincadeira é uma solução ideal para as férias, pois permite coordenar o tempo livre da criança e o de sua família.

Valores

- **ESTABELECER ROTINAS:** As crianças se sentem seguras se as coisas são previsíveis. Se já sabem o que vai acontecer, ficam mais calmas.

- **LAZER EM FAMÍLIA:** A introdução de hábitos nas famílias permite que os pais e as crianças tenham mais tempo livre para aproveitar juntos.

- **DISCIPLINA:** Desse modo, você está ensinando a seu filho um valor essencial: a ordem e a organização. Esta é a base do futuro sucesso.

BRINCADEIRAS PARA ENSINAR

Bons hábitos de higiene

21 CUIDO DO MEU CORPO

Mantenha-se limpo e reluzente, porque você é a janela através da qual vê o mundo.

George Bernard Shaw

Utilidade

Na hora de ir ao banheiro surge um problema muito comum entre as crianças menores. Sempre têm algo mais interessante para fazer, e por isso esse momento se converte num problema para elas e para a família.

Experiência

Carlinhos é o menor da classe de primeiro ano de educação infantil e sempre está de mau humor. Perdeu o apetite e se sente mal. Sua mãe sabe que há dias não consegue ir ao banheiro, e está muito angustiado. Ela nos disse que pedia ao menino que se sentasse no vaso sanitário, mas ele se recusava por já saber de antemão que não ia se sentir bem. É preciso buscar uma solução!

Diante de um problema como esse, em primeiro lugar devemos consultar o pediatra e seguir as indicações dele em relação à alimentação que nossos filhos devem receber. Para contornar esse problema é aconselhável ingerir alimentos ricos em fibras, beber muito líquido, fazer exercícios físicos e criar o hábito de ir ao banheiro regularmente – se possível, na mesma hora.

Mas, além disso, podemos ajudar a criança com esta brincadeira.

Resumo dos objetivos

O objetivo da brincadeira é criar o bom hábito de ir todos os dias ao banheiro e evitar assim a prisão de ventre. Para isso, é preciso seguir os seguintes passos:
1. Ir ao banheiro todos os dias na mesma hora.
2. Adotar uma dieta rica em fibras.
3. Beber muito líquido.
4. Praticar exercícios físicos.

Características

Número de participantes: Seu filho e você.
Interior ou exterior: Ambos.
Idade: Quando a criança já deixou de usar fraldas, entre os 2 e os 2 anos e meio.
Melhor horário: Pela manhã, durante o café da manhã, ao meio-dia depois do almoço e à noite depois do jantar. Devem ser três momentos tranquilos e sem pressa, independentemente do tempo empregado, embora não devam se estender demais.

Materiais

- Vamos preparar uma explicação sobre o funcionamento de nosso sistema digestório. É importante que as crianças saibam como funciona seu organismo e saibam cuidar dele para ter boa saúde.
- Pode-se dispor de um quadro de registros que ajudará nosso filho a saber os dias que deixou de ir ao banheiro. Se você lhe diz: "Faz três dias que você não vai ao banheiro!", talvez ele não tenha consciência do tempo transcorrido. Em contrapartida, se você lhe mostrar três cruzes desenhadas, ele terá mais facilidade em compreender.

- Um lápis de cor.
- Cartolina ou papel colorido para elaborar bônus como recompensa.

Preparação

1 Vamos elaborar uma lista de recompensas, assim como os "cartões de bônus". Devem ser atividades atrativas e pouco usuais para nosso filho, mas que ao mesmo tempo sejam também cômodas para a família: preparar um lanche coletivo, ir ao parque ou ao cinema... Podemos aproveitar para realizar aquilo que nosso pequeno nos pediu tantas vezes. Não devemos adiar a recompensa; é conveniente que se realize no mesmo dia ou o mais tardar no dia seguinte. Do contrário, a criança perderá o interesse.

2 Devemos dispor de tempo suficiente; se possível, três momentos durante o dia – ao menos no início – até que a criança adquira o hábito: pela manhã, depois do café, ao meio-dia, depois do almoço, e à noite, depois do jantar.

3 O tempo empregado no banheiro não deve ser longo demais, pois as crianças se cansam rapidamente e suas pernas adormecem, e então ficam de mau humor e deixam de se esforçar. É conveniente que fiquem ali apenas entre 5 e 10 minutos.

Começa a brincadeira

1 Explique à criança como deve "fazer força". Diga-lhe para endurecer o abdome, mostrando-lhe onde está; em seguida, ela deve inspirar e fazer força. Depois de um descanso, repita o exercício.

2 Nunca repreenda seu filho quando ele não conseguir fazer alguma coisa. Procure sempre valorizar o fato de ele ter tentado.

3 Registre no quadro todas as vezes que ele se sentar e fizer os exercícios corretamente (inspirar/fazer força). Se conseguir um bom resultado, dê-lhe um bônus (um pedaço de cartolina ou de papel que vocês dois elaboraram no início da brincadeira).

Valores

- **HIGIENE:** Demonstramos a nosso filho a importância de cuidar de seu corpo para ter boa saúde.

- **HÁBITOS:** Ele aprenderá o bom hábito de ir ao banheiro todos os dias.

- **PERSISTÊNCIA:** Estamos ensinando algo muito valioso a ele: a persistência sempre dá resultados positivos.

22 A FITA QUE ME GUIA

A liberdade é, em essência, a oportunidade de ser melhores.

Albert Camus

Utilidade

Com esta brincadeira conseguiremos fazer com que nosso filho se levante sozinho para ir ao banheiro. Ele só terá de seguir o caminho previamente traçado por nós.

Experiência

Marta nos chamava todas as vezes que queria ir ao banheiro, até que um dia decidi mostrar-lhe o caminho passo a passo com uma fita. Naquela noite fiquei na cama prestando atenção e a ouvi falar com a fita à medida que se deslocava até o banheiro.

Assim que aprendeu o caminho, tiramos a fita e a deixei à vista numa estante próxima caso a menina precisasse dela. De vez em quando ela mesma me dizia: "Mamãe, você acha que preciso da fita?"

Características

Número de participantes:	Todos os membros da família.
Interior ou exterior:	Interior.
Idade:	A partir dos 3 anos.
Melhor horário:	Antes de dormir.

Materiais

- Uma fita de cor viva, com comprimento suficiente para ir da porta do quarto da criança até a do banheiro. Deixe que seu filho escolha a cor. Como você vai avisá-lo um dia antes, diga-lhe: "A fita vai ser a de sua cor favorita. Qual você prefere?" Desta maneira, você criará uma expectativa.
- Uma pequena luz no corredor e outra no banheiro para guiar a criança. Há luzes com sensores de movimento.

Preparação

1. Um dia antes, avise seu filho para despertar sua curiosidade: "Amanhã vamos fazer uma brincadeira muito legal: você vai aprender a ir sozinho ao banheiro."

2. Durante o jantar do dia escolhido, diga a seu filho que você vai lhe explicar a brincadeira assim que ele for para a cama.

3. Faça com que ele se deite um pouco antes para que vocês tenham o tempo necessário.

Começa a brincadeira

1. Assim que ele estiver no quarto, mostre-lhe a fita e explique: "Esta fita vai guiar você até o banheiro durante a noite. Você só terá de segui-la. Do outro lado vamos estar eu ou o seu pai. Vamos colocá-la."

2. Entregue a fita para seu filho e explique-lhe que ele tem de estendê-la no chão, desde a porta de seu quarto até a do banheiro. Comente que, como a fita está estendida, ele vai se levantar sozinho, colocar os chinelos e, assim que estiver na porta do quarto, chamá-los.

3. Depois de estender a fita, é muito importante fazer um treino: "Venha, vamos experimentar juntos a fita que vai guiar você."

4 A criança deita na cama (com a luz acesa) e um de vocês fica no outro extremo da fita, bem na porta do banheiro. A partir dali, comece a explicar o que vai acontecer: "Você está dormindo e de repente acorda com vontade de ir ao banheiro. A primeira coisa que pensa é chamar mamãe ou papai, mas lembre-se de que esta noite você tem a fita para guiá-lo. Levante-se, calce os chinelos e vá até o começo da fita. Então você nos chama para que fiquemos do outro lado, está bem?"

5 Continue a narrar tudo enquanto seu filho faz o que você diz. Ele deve andar ao lado da fita sem pisar nela, para evitar que esta se mexa. Caminhará até o extremo onde está um de vocês. A partir dali, sem sair do lugar, vocês verão como ele faz xixi enquanto o incentivam. Esperem na porta até que termine e volte sozinho.

6 No dia seguinte, é muito importante perguntar a seu filho quantas noites ele quer brincar. Oriente-o: "Você acha que cinco está bem?" Anote, para avisá-lo um dia antes do término da brincadeira.

7 A cada noite, quando a criança estiver voltando para a cama, sem sair do seu lugar diga a ela: "Muito bem, você é uma criança muito inteligente. Estamos muito orgulhosos de você. Agora pode ir dormir. Nós amamos muito você."

8 No último dia (o quinto), avise que, a partir de agora, um de seus bonecos o esperará no banheiro: "Esta será a última noite que papai e mamãe vão esperar você no final da fita, porque você já está preparado para ir ao banheiro sozinho. Agora é o boneco que vai ajudar você; assim você poderá se levantar sempre que quiser e sem precisar nos avisar."

9 Na sexta noite, podem repetir a cena do primeiro dia, mas dessa vez com o boneco que vocês tiverem escolhido.

10 Uma prova superada precisa de um prêmio. Nada melhor que um lanche no parque ou um cinema para comemorar!

11 Pergunte ao seu filho de quantos dias ele precisa para tirar definitivamente a fita e comemore novamente o seu sucesso.

Conselhos e variantes

- Se a criança recair depois de algum tempo, volte a fazer a brincadeira, mas só a segunda parte: a do boneco.

- Não se esqueça de decidir com a criança qual será o prêmio; isso a motivará. Se o prêmio é alguma coisa que vocês farão em família, seu filho se sentirá muito melhor porque, além disso, verá que seu sucesso beneficia a todos.

Valores

- **AUTOSSUFICIÊNCIA:** Com esta brincadeira aumentaremos a autoestima da criança, além de promover sua independência. Por outro lado, a qualidade de nosso sono e do da criança também aumentará.

23. TOMO BANHO SOZINHO

> — Venha, prepare-se, pois vamos tomar banho. Quantas vezes você tomou banho em sua vida?
> — Nenhuma.
> — Pois esta vai ser a primeira.
>
> Antonio Muñoz Molina

Utilidade

Quando as crianças são pequenas, pensam que as regras de higiene são uma imposição de seus pais, mas com o tempo vão descobrindo os benefícios sociais e físicos de "estar limpo".

Um dos fatores que mais podem marginalizar uma criança na escola é a higiene. Na infância, os grupos de amizade se formam de maneira seletiva: nenhuma criança ficará perto de outra que cheira mal e que está suja; uma criança desasseada costuma ser motivo de zombarias e humilhações. Tudo isso, somado aos problemas de saúde daí decorrentes, afeta sua integração social, além de minar sua autoestima.

Com esta brincadeira, faremos com que nosso filho aprenda a andar asseado e a ter asseio.

Experiência

Laura voltou um dia da escola dizendo que estava com muita pena de um menino que sempre queria brincar com ela porque os outros não ligavam para ele. Mas Laura não conseguia ficar muito tempo com ele porque o pobre exalava um cheiro muito desagradável e ela se sentia mal. Os outros alunos haviam apelidado o menino de "o gambá".

Pinte com lápis de cor e aprenda

Uma boa maneira de criar bons hábitos de higiene em seu filho é através das artes plásticas. Procure utilizar desenhos sobre costumes que devem ser adotados na higiene diária. Há livros sobre esse assunto para colorir.

O pai de Laura falou com ela e lhe disse que uma criança nunca deve ser motivo de zombaria e que a culpa da má higiene normalmente não é da criança, e sim de seus pais ou cuidadores, que não lhe ensinaram as normas de asseio.

Laura muitas vezes procurava desculpas para não tomar banho, mas a partir daquele dia pediu a seu pai que fizesse o favor de avisá-la se algum dia não estivesse cheirando bem.

Então desenvolvemos esta brincadeira.

Características

Número de participantes: Seu filho e você. Se tiver dois filhos, podem fazê-la todos juntos.
Interior ou exterior: Interior.
Idade: A partir dos 2 anos ou até antes, quando você perceber que seu filho entende a brincadeira e pode participar.
Melhor horário: Antes do jantar, quando recomendamos o banho.

Materiais

- Uma esponja nova para cada membro da família (no início de uma brincadeira ou de um jogo deve haver um elemento inovador para atrair a atenção da criança). A da criança, é claro, será a mais vistosa e bonita. Presentear seu filho com uma esponja nova é levá-lo a entender que durante o banho também é possível dar prêmios.

- Uma embalagem de sabonete líquido para que a própria criança possa colocar o produto na esponja.
- Os produtos de higiene que serão utilizados depois do banho: toalha, pente, pijama... Tudo precisa estar preparado para que seu filho faça tudo sozinho.
- A criança deve ter seus próprios produtos de higiene. É muito importante que, uma vez terminado o banho, recolha e arrume tudo; a ordem faz parte da higiene.

Preparação

1 Seu filho deve saber quanto os hábitos de higiene são importantes para você e como você fica feliz sempre que lava as mãos, escova os dentes, toma banho, se penteia...

2 Antes de começar a brincadeira, vamos dedicar cerca de dois dias à conscientização higiênica. Ou seja, vamos elogiar e recompensar cada ato de higiene dos membros da família.

3 Converse com todos os habitantes da casa e peça que, todas as vezes que realizarem alguma atividade relacionada com a higiene, expressem em voz alta quanto se sentem bem, e também que elogiem a criança sempre que ela fizer sua higiene: "Como você está limpinho!"; "Que cheirinho gostoso você tem!", "Como seus dentes estão branquinhos e limpos! Você escovou os dentes?"

Começa a brincadeira

1 Como você comprou esponjas novas, aproveite um momento em que todos estejam presentes para distribuí-las. Antes disso, não se esqueça de pedir a todos que "pulem de alegria" quando receberem a esponja.

2 Use-a pela primeira vez nesse mesmo dia: "Vamos tomar banho para fazer uma brincadeira com a esponja nova." Se vocês têm o hábito de compartilhar a banheira, a brincadeira será ainda mais divertida.

3 Dizemos à criança: "Esta brincadeira é muito difícil. É preciso saber que parte do corpo temos de limpar. Por exemplo, o que temos de lavar primeiro?" Seu filho responderá alguma coisa. Se não é a resposta adequada (por exemplo, as orelhas), em vez de

corrigi-lo, acrescente: "Sim, mas antes temos de lavar as mãos. As orelhas ficam em último lugar."

4 Se um adulto ou um irmão maior estiverem tomando banho, será ótimo, porque poderá fazer o mesmo que a criança: "Agora é a vez dos pés!" A cada frase que alguém disser é preciso bater palmas e rir.

5 Vamos continuar assim com cada parte do corpo até que nosso filho esteja vestido e penteado. Tentaremos fazer com que realize o máximo de coisas sozinho. Diremos a ele: "O que é preciso vestir agora? Quer tentar colocar os chinelos sozinho?" Tudo dependerá da idade da criança.

6 E, como sempre, não existe motivação sem uma recompensa final. Quando você perceber que seu filho fez algo importante sozinho, recompense-o; por exemplo, leve-o a uma lanchonete de que ele goste.

Conselhos e variantes

- Nunca ameace seu filho caso ele não queira tomar banho. Você terá mais sucesso recompensando-o quando ele o fizer. Seu filho deve vincular essa ação a alguma coisa boa.

- O exemplo dos pais é fundamental. Uma criança que vê que seus pais não demonstram muito interesse pela limpeza da casa e pela higiene pessoal dificilmente adquirirá hábitos de higiene.

- É preciso criar hábitos de higiene desde o nascimento. Não deixe de brincar com seu filho todas as vezes que trocar sua fralda. Se ele vê você sorrir quando lhe dá banho e o limpa, nunca se negará a tomar banho ou a escovar os dentes.

Valores

- **AUTONOMIA:** O fato de realizar certas rotinas sem depender de ninguém gera nas crianças uma sensação de liberdade e independência que faz com que se sintam mais felizes.

- **BOAS RELAÇÕES SOCIAIS:** Uma pessoa limpa é mais aceita em sociedade.

- **EVITAR DOENÇAS:** Os maus hábitos de higiene são a causa de muitas doenças.

24 DENTES COM NÚMEROS

A única educação eterna é esta: ter bastante certeza de uma coisa para ousar dizê-la a uma criança.

Gilbert Chesterton

Utilidade

Quase 40% das crianças de 7 anos têm cáries. É fundamental que nossos filhos adquiram o hábito de escovar os dentes desde muito pequenos; é um dos mais importantes hábitos de higiene.

Com esta brincadeira, ajudaremos nossos filhos a escovar os dentes enquanto os ensinamos a ter uma boa alimentação. A saúde dental está ligada à alimentação.

Experiência

Carla tem 4 anos e sua irmã Laura, 8. Sua mãe quer que a pequena escove os dentes o mesmo número de vezes que sua irmã mais velha, mas Carla é muito preguiçosa. Na escola, fizeram uma campanha de saúde bucal, porém um dia de formação não foi suficiente.

Antes que ela ficasse com cáries, experimentamos esta brincadeira e a praticamos até que a menina adquiriu o hábito de escovar seus dentes regularmente.

Uma escova pessoal

Desde muito pequeno, dê a seu filho uma escova de dentes para brincar. Por imitação, ele fará o mesmo que você, e sem perceber aprenderá que é um objeto que se utiliza diariamente. Tudo o que a criança conhecer antes de usar será muito bem aceito posteriormente.

Características

Número de participantes: Você e seu filho, no mínimo. O ideal é se você tiver mais filhos ou se seu filho receber a visita de amigos da escola.
Interior ou exterior: Interior.
Idade: A partir dos 4 anos, idade em que as crianças começam a contar. Pode fazer isso antes, desde que você faça a contagem.
Melhor horário: Depois de cada refeição.

Materiais

- Uma escova de dentes nova. Mesmo que a criança já tenha uma, devemos introduzir um elemento novo para que a brincadeira seja atraente. Guarde a escova que ela já tem para ser usada depois.
- Pergunte na escola se realizaram alguma campanha de saúde bucal. Os professores lhe darão o folheto sobre a melhor maneira de explicar a seu filho que ele deve escovar os dentes. É fundamental que você dê as mesmas informações fornecidas pela escola para não confundir a criança.
- Um copo para enxaguar a boca, também novo e de plástico. Se a criança ainda é muito pequena, compre uma caneca.
- Uma lista de alimentos e substâncias prejudiciais para os dentes.
- Tempo e dois quilos de alegria.

Preparação

1 Antes de começar esta brincadeira, explique a seu filho a importância de escovar os dentes regularmente por uma questão de saúde. Embora ele tenha aprendido isso na escola, é bom ele também ouvir você dizer a mesma coisa. É muito importante levá-lo a perceber também que a imagem é fundamental para ser aceito socialmente: "As pessoas se afastam se você não cheira bem, não é? Pois se você estiver com os dentes sujos, elas farão o mesmo, pois sua boca ficará com mau cheiro."

2 Você já lhe falou que é muito importante que ele tenha os dentes limpos. Insista agora com a questão das guloseimas.

3 Depois desta explicação, chegou o momento de escovar os dentes. Seu filho não viu a escova de dentes nova nem o copo. Explique a ele: "Vamos fazer uma brincadeira muito divertida para que você escove bem os dentes e os outros não saiam correndo. Vamos fazê-la juntos porque assim eu vejo como você os escova e também me divirto."

Começa a brincadeira

1 Vá com ele ao banheiro e diga que tem uma surpresa. Mostre então a escova de dentes nova e o copo: "*Tcharan!* Isto é porque você é uma criança limpinha: um presente!"

2 Então, explique-lhe a brincadeira. Primeiro pergunte até que número ele sabe contar. Vamos supor que seja até 6.

3 Mostre a ele como escovar os dentes tal como você viu no folheto que lhe deram na escola ou na consulta ao dentista.

4 Diga: "Agora, para cada parte dos dentes que você escovar, vamos contar até 6. Primeiro eu conto e depois você, em silêncio." Assim serão 12 vezes e a criança não se cansará.

5 Depois de fazer essa brincadeira durante dois dias, explique que vai mudar: seu filho vai contar e você vai dizer o que faz mal para os dentes. Como você tem a lista, será fácil. Alterne a lista com os números.

6 Vocês podem fazer a brincadeira sempre que a criança escovar os dentes, mas ela vai ficar cansada e às vezes você não poderá estar presente, por isso uma vez por dia – quando você tiver mais tempo para dedicar a ela – será suficiente.

7 Depois de terminar, bata palmas como se ele tivesse acabado de atuar numa peça de teatro.

8 Todas as vezes que ele terminar de escovar os dentes, peça que abra a boca para que você a examine. Diga que seus dentes estão brilhando.

Conselhos e variantes

- Troque regularmente a escova de dentes.

- Incentive seu filho a ajudar você a fazer uma lista (que em seguida você utilizará) com alimentos prejudiciais aos dentes.

- Escove os dentes na presença dele todas as vezes que puder. As crianças são grandes imitadoras!

Valores

- **BOA SAÚDE:** Devemos criar nas crianças hábitos de higiene se queremos que elas tenham boa saúde.

- **NUTRIÇÃO:** Estamos ensinando a elas que existem alimentos e substâncias que as prejudicam. Com esta brincadeira, lembramos o que devem e o que não devem comer.

25 NÃO ROO AS UNHAS

Vivo numa nave que levanta voo para dentro. Tenho as mãos limpas de acariciar sua alma, apesar de vesti-las com cores e elas parecerem manchadas.

Emilio Maldonado

Utilidade

Cerca de 45% das crianças, a partir dos 3 anos de idade até a puberdade, roem as unhas. Essa prática é denominada onicofagia, e é um hábito que, detectado a tempo, é fácil de interromper.

As crianças normalmente roem as unhas para acalmar a ansiedade. Elas sabem que é prejudicial, mas não conseguem controlar o vício. O que pretendemos com esta brincadeira é tratar o sintoma a partir de sua causa.

Experiência

José começou a roer as unhas com 4 anos de idade. Quando sua mãe me mostrou as mãos dele, vi que suas cutículas estavam muito machucadas. No entanto, a criança não se queixava.

Quando perguntei à mãe sobre a origem daquele comportamento, ela me disse que começou com o nascimento de um irmão.

Características

Número de participantes: Seu filho e você.
Interior ou exterior: Ambos.
Idade: A partir dos 3 anos.
Melhor horário: Indiferente.

Materiais

- Uma caderneta pequena sempre ao alcance da mão.
- Muita paciência e uma grande dose de compreensão.

Preparação

1 Antes de começar, dedique alguns dias para fazer um pequeno estudo do comportamento de seu filho.

2 Divida a caderneta em três partes, na seguinte ordem:
   1. Rói as unhas.
   2. Não rói as unhas.
   3. Mudanças ocorridas em sua vida.

3 Anote as situações que ativam o hábito de seu filho de roer as unhas. Por exemplo, se o faz quando se senta para estudar, quando você lhe dá bronca, assistindo à televisão…

4 Anote também as situações nas quais ele não rói as unhas: ao praticar esportes ou brincar com os amigos, quando mastiga alguma coisa…

5 Na terceira parte, anote quais mudanças importantes ocorreram na vida de seu filho: a chegada de um irmão, o começo das aulas, a mudança de babá ou de cuidadora, uma separação… Também é importante observar se alguém do entorno da criança rói as unhas; pode ser que ela o faça por imitação.

Começa a brincadeira

1 Depois de analisar tudo, converse com seu filho sobre o assunto: "É muito importante que você e eu CONSIGAMOS (não tentemos, é importante reforçar o objetivo) fazer com que deixe de roer as unhas. Para isso, diga por que acha que tem esse hábito, e verá como vamos resolver isso. Lembre-se de que seu pai e eu estamos aqui para ajudar você."

2 Em seguida, anote o que o seu filho disser sobre os motivos pelos quais ele acha que rói as unhas e o que sente depois.

3 Valorize muito o esforço dele. Comemore cada nova contribuição: "Muito bem! Eu já havia percebido isso!"

4 Agora faça-lhe uma pergunta secreta. Trata-se de um código entre você e ele. As crianças se cansam de ouvir sempre a mesma coisa ("Pare de roer as unhas!"): "Vamos estabelecer um código entre nós dois. Vamos escolher uma pergunta de que gostamos. Você quer escolher? Toda vez que eu vir você roendo as unhas, vou fazer essa pergunta. Por exemplo, vou dizer: "João, o céu está estrelado?" Assim você saberá a que estou me referindo.

5 Agora procure manter as mãos da criança ocupadas para evitar que as leve de novo à boca: "Quando você me ouvir, deve fazer isto com a mão que estava em sua boca." E então dê pequenos golpes com as pontas dos dedos na mesa ou em qualquer outra superfície. Este exercício, além de ajudá-lo a deixar de roer as unhas, as fortalece.

6 Finalmente, recompense-o por ter conseguido deixar o hábito, uma tarefa muito difícil porque se trata de controlar suas emoções!

Conselhos e variantes

- Caso não haja outro sintoma de ansiedade, é recomendável o uso de um reforço positivo; ou seja, premiar a criança por não roer as unhas e ignorá-la quando as roer.

- Se seu filho rói as unhas antes de se deitar, é possível remediar o problema dando-lhe algum brinquedo ou colocando-lhe luvas. Se, apesar desses esforços, roer as unhas passa a ser um comportamento repetitivo, então é recomendável procurar um especialista para analisar o que está acontecendo com a criança e tomar medidas para ajudá-la.

● Podemos utilizar técnicas alternativas, mas, se o problema não é tratado a partir de sua causa, voltará a aparecer.

● As crianças que fazem trabalhos manuais roem muito pouco as unhas, portanto é recomendável incentivá-las a realizar tarefas plásticas (pintura, massa de modelar).

Valores

● **CUIDADO DAS UNHAS:** Se roemos as unhas, deixamos as pontas dos dedos desprotegidas. Além disso, introduzimos germes em nossa boca.

● **AUTOCONFIANÇA:** As crianças que conseguem realizar qualquer coisa que se propõem sentem-se melhor consigo mesmas. Ao ensinar seu filho a ter confiança nele mesmo, você fortalece sua autoestima.

● **PERSEVERANÇA:** Esta brincadeira promove a autodisciplina. Só precisa de seu controle e de sua motivação.

● **AUTOCONTROLE:** Com esta brincadeira, nosso filho aprende que roer as unhas é uma resposta negativa a suas emoções. Assim, ensinamos a ele que às vezes deve controlar suas emoções e impulsos.

26. MAMÃE, VAMOS ESCOLHER A ROUPA?

De maneira que instalei em seu coração minha barraca de acampar, e você fechou com chave as janelas de seu peito, e ficamos morando ali, aquecidos e felizes.

Luis Alberto de Cuenca

Utilidade

Vestir-se é um ato cotidiano. Para seu filho, pode ser um momento muito bonito ou uma guerra de titãs. Com esta brincadeira, pretendemos apreciar como nosso pequeno se veste sozinho e define seu gosto estético.

Para começar esta brincadeira, é muito importante que você não esqueça todos os problemas que teve até o momento com a escolha da roupa de seu filho.

Experiência

Mariana acaba de completar 4 anos. É uma menina muito bonita. Desde que nasceu, é o centro das atenções e, claro, todos os dias ouve frases como esta: "Como você está linda com este vestido!" ou "Que gracinha é esta menina!".

Agora ela decidiu escolher a roupa que quer vestir, mas não porque gosta mais, e sim porque se considera grande o suficiente para saber o que quer e o que não quer. O resultado: todos os dias sua mãe chega tarde ao trabalho, e estressada.

Fizemos esta brincadeira num fim de semana. Foi muito importante explicar para os pais o sentido de negociar com uma criança.

Depois de um mês, Mariana respeita perfeitamente o acordo.

Características

Número de participantes: Seu filho e você.
Interior ou exterior: Interior.
Idade: A partir dos 3 anos.
Melhor horário: Na hora de se vestir.

Materiais

- Muita paciência e um enorme sorriso.
- Imagine como você quer organizar os dias para a roupa (dois dias de calça comprida e um de saia, trocar de roupa depois da aula ou não).
- Frase mágica.

Preparação

1 Escolha o fim de semana para começar esta brincadeira. Você precisará de mais tempo que o habitual.

2 Crie uma frase mágica para o final da brincadeira. Sugiro duas: "Veja quanto nós nos amamos: não discutimos" ou "A bruxa da história estava de mau humor". (Se seu filho gosta de algum personagem, utilize-o.)

3 De manhã, antes de vocês se vestirem, sente-se com seu filho e explique que ultimamente vocês têm discutido muito por causa da roupa e que você encontrou uma solução: "Conheço uma brincadeira mágica que nos divertirá muito e que fará com que você se vista mais rápido."

4 Em seguida, acrescente, com um grande sorriso: "De hoje em diante, vamos fazer um acordo para não discutir. A partir de amanhã, você escolherá uma peça de roupa e mamãe vai escolher o resto."

Começa a brincadeira

1 No primeiro dia, nosso filho não estará preparado, mas nós lhe faremos uma surpresa. Explicamos a ele: "Depois de escolher uma peça, saia do quarto; assim, mamãe poderá terminar de preparar o restante de sua roupa. Mas antes de sair temos de utilizar as palavras mágicas para deixar de discutir. *Tcharan, tcharan!*"

2 Chegou a hora de dizer a frase bonita que você preparou. Entra então em ação um pequeno detalhe muito importante: diga ao seu filho que, para selar o acordo, vocês têm de juntar as palmas das mãos enquanto os dois pronunciam a frase. O contato que você terá com seu filho nesse instante e as risadas o ajudarão a não se sentir enganado.

3 Termine a explicação da brincadeira com o prêmio: "E agora, para selar nosso acordo e como prêmio, um dia do fim da semana você poderá vestir a roupa que quiser."

4 Diga-lhe que um dia da semana ele poderá escolher a roupa sozinho. A que ele quiser. Atenção: você pode ter um desgosto quando o menino decidir ir ao parque vestido de Super-homem. Não faz mal. Além disso, dessa maneira incentivamos seu senso de segurança. Sem ir mais longe, minha filha vai até a loja da esquina de patins e vestida de cigana. E não liga nem um pouco se as pessoas ficam olhando para ela!

5 Repasse toda a brincadeira com seu filho desde o início. Quanto melhor ele a conhecer, mais rápido irá no dia seguinte. Se julgar necessário, peça-lhe que ajude a preparar o cartaz distribuindo os dias em função do acordo que vocês estabeleceram. Enfatize os prêmios: vestir-se um dia da semana com a roupa que quiser, criar a frase mágica...

6 Quando ele tiver vestido a roupa escolhida por ele, elogie dizendo quanto está bonito. E nunca ria se ele não se "disfarçou" com esse objetivo.

Conselhos e variantes

- Um dia da semana, peça para seu filho fazer o mesmo com você: escolher uma das roupas que você irá vestir.

- É muito importante respeitar o acordo. Às vezes sua filha escolherá uma saia de que você não gosta. Você tem duas opções: ou retirá-la do guarda-roupa ou combiná-la bem com a parte de cima.

- Se perceber que a criança demora muito para escolher a roupa, reduza as opções dela. Peça-lhe que escolha entre quatro camisetas previamente selecionadas por você.

- É imprescindível ouvir o seu filho se ele lhe diz que alguma roupa está apertada, pinica ou o incomoda. Eu obrigava minha filha a vestir uma calça muito bonita com a qual ela não conseguia jogar futebol.

- Deixe a roupa preparada na noite anterior para poupar tempo.

- E, é claro, estabeleça com antecedência o dia da semana em que a criança vai escolher sua roupa. Não seria a primeira vez que uma criança vai sábado ao restaurante vestida de pirata!

Valores

- **UNIÃO E CUMPLICIDADE:** Ingredientes básicos para uma convivência harmoniosa.

BRINCADEIRAS PARA ENSINAR

Bons hábitos de comunicação

27 O TEMPO É MEU

Levei muito tempo para compreender de onde viera. O principezinho, que me fazia muitas perguntas, não parecia sequer escutar as minhas.

Antoine de Saint-Exupèry

Utilidade

Com frequência nos queixamos de que não dispomos de tempo suficiente para dar conta das tarefas cotidianas, que cuidar das crianças não nos deixa nem um minuto livre. Começamos o dia com pressa, dizendo aos pequenos que se vistam rápido, que tomem o café da manhã sem perda de tempo, que preparem suas coisas num instante etc.

Muitas crianças conseguem movimentar-se sem dificuldade logo depois de acordar, ao passo que outras precisam de uma eternidade para estar totalmente despertas.

Com esta brincadeira, vamos fazer com que as crianças se conscientizem de que existe um espaço de tempo dedicado exclusivamente a elas, um tempo que deve ser aproveitado ao máximo.

Experiência

Carlos e Maria são irmãos e dormem no mesmo quarto. Ele tem 9 anos e ela 4.

De manhã, Carlos se levanta logo depois de acordar e se veste sem problemas. Maria, no entanto, demora muito para se arrumar. Sua mãe insiste para que ela se vista sozinha, mas Maria tem muita dificuldade. Ao ver sua mãe nervosa, e sentindo-se incapaz de acompanhar o ritmo de seu irmão, Maria começa o dia cansada e de mau humor. Quanto mais a mãe tem pressa, menos ela colabora...

Decidimos ajudá-la um pouco criando esta brincadeira...

Características

Número de participantes: Pelo menos 2.
Interior ou exterior: Ambos.
Idade: A partir dos 4 anos.
Melhor horário: Logo depois de acordar (de manhã ou depois da soneca da tarde).

Materiais

- Um temporizador como aqueles que usamos na cozinha.
- Um monte de beijos.

Preparação

1 Vamos chamar a primeira fase preparatória de "Apresentação do come-tempo". Pegue o temporizador e mostre-o para as crianças. Diga a elas que na manhã seguinte vocês começarão o dia com uma brincadeira, com um relógio mágico que se chama Come-tempo.

2 Daremos à segunda fase o nome de "Dez minutos de exclusividade".

3 Explique às crianças que, quando elas acordarem de manhã, o Come-tempo lhes dará 10 minutos completos com mamãe ou papai. A partir do momento em que girarem o relógio até 10, começará um tempo dedicado apenas a elas.

4 Diga-lhes: "Quando vocês o girarem, começa o tempo pessoal de vocês. Durante esses 10 minutos, mamãe ou papai vão estar apenas com vocês. Se o outro precisar de

alguma coisa, terá de esperar o seu tempo. Assim que a campainha do Come-tempo tocar, terá terminado a sua vez e mamãe ou papai ficará com o outro para fazer as coisas dele."

5 Esclareça quanto é importante que aproveitem os 10 minutos que o despertador lhes dá de presente.

Começa a brincadeira

1 Na manhã seguinte, entre no quarto das crianças para acordá-las com o temporizador: "Bom dia, crianças, aqui estamos Come-tempo e eu..."

2 Não entre com pressa nem afobação. Chame seus filhos ao menos 5 minutos antes de sua hora de levantar para dar-lhes tempo para acordar. Faça-lhes carinho e brinque com eles.

3 Comece então pelo que se veste mais rápido. Ofereça-lhe o Come-tempo. Tudo o que você fizer a partir desse momento será observado pelo outro que ainda está deitado.

4 Seu outro filho está acordando e observa tudo o que vocês farão juntos quando tiver seus 10 minutos de exclusividade.

5 O alarme do temporizador deixa claro que o primeiro turno terminou. A outra criança deve colocar novamente o ponteiro nos 10 minutos. Começa a segunda contagem regressiva.

6 Ajude seu filho a se vestir, mas não o vista. Simplesmente incentive-o a fazê-lo e ajude-o, se necessário, com carinho e ternura: "Vista as meias enquanto vou buscar seus sapatos."

7 Quando o temporizador tocar, você verá como o tempo rendeu. As crianças estarão admiradas e felizes por ter conseguido se aprontar sem estresse nem afobação, e sobretudo com seu apoio.

Tempo é vida

Não se esqueça de que a qualidade do tempo que você dedica aos seus filhos é o tesouro mais valioso que pode oferecer a eles. A criança, quando é pequena, precisa sentir-se amada e próxima de seus entes queridos; só assim terá um desenvolvimento feliz.

Conselhos e variantes

- Se quiser, acorde as crianças com música.
- Preparem a roupa juntos na noite anterior, para ter mais tempo pela manhã.
- Reduza o tempo à medida que eles adquirem mais autonomia.

Valores

- **AUTONOMIA:** Se você os ajudar no início e em seguida deixar que eles próprios terminem, aprenderão a se virar sozinhos, além de se conscientizar de que, sendo independentes, haverá mais tempo para todos.

- **ORDEM:** Com esta brincadeira as crianças adquirem um valor fundamental: a organização.

- **AUTOESTIMA:** Ao contar com um tempo exclusivo dedicado a ela, a criança se sente a pessoa mais importante do mundo.

28 PERGUNTAS INDISCRETAS

— Como vocês dormiram no acampamento, queridos filhos?
— No saco de dormir, mamãe, como sempre.

Jacinta Vázquez

Utilidade

É difícil encontrar o momento certo para que nossos filhos nos contem alguma coisa da vida deles. Podemos perguntar todos os dias, mas quase sempre eles nos respondem com evasivas do tipo: "Ah, mãe, como você é chata!", "Não lembro", "Por que você sempre me pergunta a mesma coisa?"

No final, já não sabemos o que fazer para descobrir que um amigo implica com ele ou por que de repente resolveu deixar de ir ao treino de basquete.

Com esta brincadeira, descobri que minhas filhas podiam me contar coisas que escondiam havia anos, embora eu tivesse perguntado mil vezes.

Experiência

Uma tarde estávamos no carro com minha filha mais velha, e ela me fez uma pergunta curiosa. Então tive a ideia de criar um jogo de perguntas.

Rimos muito porque, por ser uma atividade falada, todos os que estávamos no carro participamos e foi um momento muito íntimo. Ao chegar ao destino, sabíamos de coisas que nunca havíamos imaginado e que possivelmente jamais saberíamos...

Falar andando de carro

Aconselho que da primeira vez façam esta brincadeira no carro. Dessa maneira, a criança não está vendo o seu rosto nem reconhece suas emoções ao contar coisas pessoais. Ela sente menos vergonha se, ao expor algo, não olha você nos olhos. Eu fiz dessa forma e tive um resultado ótimo!

Características

Número de participantes: Pelo menos 2.
Interior ou exterior: Ambos.
Idade: A partir dos 5 anos (embora existam crianças menores capazes de organizar as frases com toda a coerência e de responder com incrível desenvoltura).
Melhor horário: Indiferente.

Materiais

- Tempo. É fundamental ter muito tempo para esta brincadeira. Os participantes se animam mais à medida que avança.
- Uma sacola ou um saquinho, ou seja, algo pequeno para guardar as mentiras.
- Alegria.

Preparação

1 Vamos imaginar que a brincadeira terá 3 participantes: seu filho, seu marido e você.

2 Vocês precisam estar sentados. É uma brincadeira muito agradável para fazer à noite, quando a criança está relaxada e tranquila, ou numa tarde chuvosa.

3 Inicie explicando como funciona: "Hoje vamos começar uma brincadeira muito emocionante. Temos de esconder as mentiras e contar a verdade. É muito especial porque é preciso estar bem preparado para brincar."

4 "Esta é a brincadeira das perguntas indiscretas. Cada participante tem que fazer uma pergunta à pessoa que escolheu e esta deve responder dizendo sempre a verdade, seja qual for a pergunta. Quem acha que não está preparado para participar diga agora, mas garanto que é uma brincadeira muito divertida e é possível perguntar qualquer coisa."

5 Continue falando calmamente: "Agora vamos guardar as mentiras neste saquinho." Leve isso a sério; você está fazendo uma coisa muito boa e seu filho vai acompanhá-la se você falar com naturalidade. Coloque a mão no peito como se retirasse do coração um punhado de alguma coisa. Pode dizer: "Eu retiro as mentiras do meu coração e as guardo aqui. Agora vocês podem fazer o mesmo." Deixe seu filho para o final, assim ele terá menos vergonha.

6 Explique que cada um deve escolher para quem vai fazer a pergunta. Comece perguntando ao seu filho: "Quem você escolhe?" Provavelmente ele escolherá você, então prepare-se! Este é um jogo rotativo; não escolha primeiro o seu filho porque sua curiosidade revelará suas intenções.

Começa a brincadeira

1 Depois que todos tiverem escolhido para quem vão fazer as perguntas, inicia-se a fase de consultas. Comece você, para ir aquecendo o ambiente, em seguida o seu filho e depois a outra pessoa. Faça-o de forma que o último a responder seja o seu filho. Assim ele estará mais preparado.

2 Quando terminar a primeira rodada, pergunte novamente a seu filho quem ele escolhe e continue do mesmo jeito. De vez em quando, alterne a ordem para que outra pessoa comece.

3 Quando ele lhe perguntar uma coisa muito íntima, dê um sorriso para deixar o tema mais leve. Em seguida responda e procure fazer com que a resposta seja longa e explicativa. Não dê voltas demais antes de dizer a verdade.

Conselhos e variantes

- Antes de começar a brincadeira, é útil elaborar uma pequena lista de perguntas para não ser pega de surpresa.

Valores

- **SINCERIDADE:** Você mostrará a seu filho que, sendo sincero, consegue-se fazer com que os outros o valorizem, e que as pessoas honestas têm mais valor que as mentirosas.

- **EXPRESSÃO:** As pessoas que conseguem expressar suas emoções se sentem mais livres e são mais criativas. Ao ajudar nossos filhos a canalizar suas emoções, aumentamos sua autoestima.

- **OUVIR:** Quantas vezes não deixamos alguém terminar de falar? Com esta brincadeira, ensinamos nosso filho a ouvir os outros e, por sinergia, a ser ouvido.

- **COMUNICAÇÃO:** Um dos maiores defeitos desta sociedade é a falta de comunicação entre as pessoas. Antes se falava muito no interior da família. Agora, em virtude do uso da tecnologia da comunicação e da ausência dos pais por motivos de trabalho, conversamos cada vez menos. Por que não associar a conversa a alguma coisa divertida que também nos aproxima das outras pessoas?

29 JÁ NÃO SINTO VERGONHA

Nunca confie em um líder espiritual que não saiba dançar.

Mr. Miyagi

Utilidade

Há presente melhor que nossos filhos nos mostrarem a dança que aprenderam nas aulas de balé ou recitarem para nós o poema que estão decorando para ler no final do curso?

No entanto, para esconder sua vergonha, as crianças se protegem dizendo que não se lembram do que aprenderam para não ser obrigadas a repeti-lo em casa. Então você não sabe se seu filho está dizendo a verdade ou se simplesmente não quer fazê-lo.

Experiência

Numa tarde chuvosa, recebemos a visita de Helena, a filha de uma amiga. Ela tem 5 anos de idade e já está frequentando aulas de balé. Sua mãe estava com ela e acabava de lhe comprar um vestido para uma dança no final do curso.

"Helena, mostre para nós o que você aprendeu!", pedi toda animada. Mas a menina disse que não se lembrava.

Sua mãe me contou que sempre fazia a mesma coisa, embora a professora insistisse que a menina sabia dançar muito bem. Então, chamei minha filha mais velha e expliquei que iríamos fazer um ensaio para ver se Helena dançava.

Como ela vinha a nossa casa com frequência, não tivemos dificuldade. E ela dançou muito bem! Agora dança em sua casa diante de todos, sem nenhum problema.

Arte ao seu alcance

Incentive a atividade que você quer que seu filho lhe mostre. Se é a pintura, deixe pincéis à vista; se está relacionada com a música, coloque um aparelho musical no quarto dele. Primeiramente, deixe-o treinar sozinho com a porta fechada. Em seguida, anime-o a colocar sua música na sala e, se percebe que ele está dançando, não fique olhando nem diga nada. Ele deve sentir que é algo natural. A vergonha é uma resposta que se manifesta quando você pensa que é o centro das atenções.

Características

Número de participantes: Pelo menos 2 (o ideal são mais).
Interior ou exterior: Ambos.
Idade: A partir dos 5 anos.
Melhor horário: Indiferente.

Materiais

- Dependendo do que você quiser compartilhar com seu filho, prepare o material. Por exemplo, se for uma dança, procure alguma coisa para usar (um lenço, um gorro ou um guarda-chuva engraçado). Se é para cantar, uma cadeira ou uma mesa de centro firme podem servir de cenário.
- Muito bom humor.
- Pouco senso de ridículo.

Preparação

1 Vamos imaginar que sua filha dança ao chegar de sua aula de balé ou em qualquer outro momento.

2 Explique ao outro participante em que consiste a brincadeira. Diga-lhe que a participação dele é muito importante e que será muito divertido.

3 Converse com seu filho: "Vamos fazer um concurso de dança." Provavelmente ele vai dizer que não sabe ou não quer dançar.

4 Continue a montar o cenário e comente em voz alta: "Vou procurar alguma coisa que os participantes do concurso possam vestir. Vamos ver… Ah, posso usar este lenço!"

5 Depois que você tiver várias coisas, seu filho olhará para você perplexo, mas continue a se mostrar indiferente e pergunte a ele: "E você, vai usar alguma coisa? Veja como isto é bonito!"

Começa a brincadeira

1 Coloque a música que você escolheu, quanto mais alto melhor, porque a música libera adrenalina. Comece a dançar de maneira quase ridícula. Seu filho começará a rir e no final acabará participando. Com sua atuação você estará mostrando a ele que não fica envergonhada se as pessoas riem de você.

2 Em seguida, o outro participante deve começar a dançar como você. Vocês dois devem incentivar seu filho a subir ao palco também. Com certeza depois de algum tempo ele se animará a fazê-lo. Você logo vai perceber que, além de imitá-los, ele também executa alguns dos movimentos que aprendeu nas aulas de balé.

3 Dedique cerca de 10 minutos a essa etapa. Em seguida pergunte se alguém quer dançar sozinho. Vão responder que não. Faça-o você, mas dessa vez dance o melhor que souber.

4 Pergunte novamente se alguém mais quer dançar sozinho.

5 Guarde tudo e desligue a música. Você vai ter de repetir essa encenação umas quatro vezes até que seu filho se decida a dançar sozinho.

Conselhos e variantes

- Prepare as coisas com antecedência; assim não perderá tempo quando começar a brincadeira.

- Procure colocar a música mais parecida com a que é utilizada nas aulas da criança, mas nunca a mesma, ou seu filho suspeitará que há alguma intenção atrás disso.

Valores

- **RELAXAMENTO:** Dançar é uma atividade excelente para compartilhar. A dança libera a tensão. Além disso, as risadas produzem dopamina, uma substância que produz bem-estar. Dance com seus filhos sempre que puder!

30 PAPAI, LEVE-ME AO MÉDICO

Quatro anos tinha
Simão Bartolomeu.
Apesar do grosso pijama,
sempre molhava a cama.
Sua mãe o leva ao médico,
doutor Lume, e o médico o livra
do costume.

Gloria Fuertes

Utilidade

Entre os 3 e os 5 anos, as crianças adquirem facilidade de expressão suficiente para nos explicar suas sensações físicas ou suas doenças. Começam a compreender a relação de causa e efeito. Se a partir desse momento as convencermos de que o médico vai curá-las, evitaremos que tenham medo da consulta médica e ganharemos um grande aliado para sua recuperação.

Antes de ir ao médico, é normal que as crianças se sintam apreensivas e tenham medo da consulta. Podem nos explicar alguns medos – a dor, por exemplo –, mas ocultam outros temores e não querem falar sobre eles. Com esta brincadeira, nós as ajudaremos a manifestar esses medos, para se livrar deles.

Experiência

Quando era bebê, Helena nunca tinha medo de ir ao médico. Desde que nasceu tinha problemas frequentes de bronquiolite e resfriados. De repente, um dia, com 2 anos de idade, disse a seu pai que não queria mais ir ao médico.

Fizemos esta brincadeira durante uma semana, um pouco por dia. Depois seus pais aplicaram os procedimentos que indicamos a seguir e ela voltou a ir ao médico sem problemas. Agora tem 9 anos e sabe que o hospital e o médico estão ali para ajudá-la.

Características

Número de participantes: Pelo menos 2, mas o aconselhável são 3.
Interior ou exterior: Ambos.
Idade: A partir dos 3 anos e até os 7. Esta é a melhor idade para começar a brincadeira. Se a fazemos desde que as crianças são pequenas, logo não teremos nenhum problema com as consultas médicas. Como você sabe, a prevenção é o melhor remédio.
Melhor horário: Nas horas de brincadeira.

Materiais

- O boneco preferido de seu filho.
- Um lugar que sirva de cama para o boneco; um pedaço de pano é o suficiente.
- Um *kit* para brincar de médico. Muitas crianças têm um e, caso não tenham, é aconselhável comprá-lo. Outra opção é improvisar os acessórios que vocês julgarem oportunos: um jaleco que pode ser um avental, uma colher que sirva para abrir a boca. Deem asas à imaginação!
- Um monte de ternura e uma sacola de tempo livre.

Preparação

1 Não faça esta brincadeira só porque tem de levar seu filho ao médico. Ao contrário, é aconselhável brincar sem motivo. É uma brincadeira para ajudar nosso filho a superar seus medos.

2 Vamos dizer a ele: "Que tal brincar de ir ao médico? Que ótimo, estamos doentes e vão cuidar de nós! Você vai ver como o médico é bonzinho!"

3 Pegue seu filho pela mão e leve-o para o lugar onde estão os bonecos dele. Diga-lhe que escolha seu boneco preferido para brincar. Pergunte onde quer que fique o consultório do médico. Se ele hesitar, escolha você um lugar: "O que você acha de brincar na cozinha, ou talvez embaixo da mesa?" Com certeza ele gostará da ideia. É toda uma aventura brincar embaixo da mesa!

4 Coloque os acessórios do médico no lugar escolhido. Diga que você será o médico e que ele virá com seu boneco fazer uma consulta. Pode dizer a ele: "Eu sou o médico e você traz o seu filho que está doente. Este menino é muito parecido com você…"

Começa a brincadeira

1 Vista o avental e comece a brincar: "Bom dia, senhor, sou o doutor Curatudo e estou muito feliz em vê-lo. Vamos ver o que está acontecendo com seu filho…"

2 Pergunte ao "papai" o que seu filho tem. Eis algumas perguntas básicas:
    a) O menino estava chorando antes de vir?
    b) Ele contou por que está chorando?
    c) O senhor lhe disse que depois da consulta vão tomar lanche num lugar lindo?
    d) Seu filho sabe que o médico gosta muito de crianças?

Cada uma dessas perguntas ajudará você a explicar ao seu filho os benefícios de ir ao médico.

3 Em seguida, examine o paciente e faça com que seu filho ria. Comente como o boneco é bonzinho e obediente, e diga como você está contente que ele tenha vindo.

4 Termine a brincadeira dizendo ao seu filho que no próximo dia ele será o médico.

Conselhos e variantes

- Nesta brincadeira não faça nenhuma alusão à dor. É proibido dizer: "Isso não vai doer nada", já que dessa maneira você estará associando a dor ao médico.

- É muito importante concentrar-se nos sentimentos de seu filho, mesmo que você julgue que são bobagens: "Mamãe sabe que você está assustado, mas se vamos ao médico ele nos ajudará a fazer com que você fique curado. Eu confio muito nele e estou ao seu lado."

Valores

- **SUPERAR MEDOS:** Se ajudamos nosso filho a confiar nos médicos, evitaremos muitos conflitos internos e muitas lutas no momento de levá-lo ao hospital se algum dia for preciso.

- **AUTOESTIMA:** Ao combater os medos dele, elevamos em grande medida sua confiança e segurança.

- **UNIÃO:** É uma brincadeira que aproxima os pais das preocupações de seus filhos.

31 CONTE-ME A SUA VIDA!

As necessidades básicas do ser humano são comer e amar.

Sigmund Freud

Utilidade

As reuniões familiares permitem que aflorem verdades essenciais das crianças e dos pais. Se nos sentamos à mesa com nossos filhos ao menos uma vez por dia, percebemos o mundo maravilhoso que eles têm dentro deles.

Toda refeição familiar, sem televisão, é claro, ajuda a fazer com que seus membros se encontrem e se compreendam melhor. Será que esquecemos as conversas entre irmãos ou com nossos pais quando éramos pequenos? Poder dedicar uma parte do dia aos seus filhos é um dos prazeres mais gratificantes.

Experiência

Manuela tem dois filhos pré-adolescentes. Está preocupada porque se dá conta de que, à medida que o tempo passa, sabe cada vez menos da vida dos dois. De repente sua filha mais velha deixou de lhe contar coisas e parece que só deseja ficar em seu próprio mundo.

Um dia, ao voltar do trabalho, olha para si mesma e se vê jantando alguma coisa leve na frente da televisão. Seu marido ainda não chegou. Sua filha mais velha está na cozinha diante do outro televisor zapeando enquanto procura algo na geladeira. Seu filho tomou lanche bem tarde e está sem fome.

Então descobre que estão imersos num túnel de incomunicação. E, quase chorando, lembra-se dos jantares na casa de sua mãe...

Pequenos prazeres

Depois de todas as brincadeiras que preparei, percebi que os pais também precisam brincar com seus filhos e sentir que a vida é bonita. Nós, adultos, temos muito que aprender com as crianças, e se as escutamos e nos interessamos pela vida delas, talvez voltemos a sentir que a felicidade está nas pequenas coisas.

Características

Número de participantes: Pelo menos 2. Um deles precisa ser um adulto.
Interior ou exterior: Ambos.
Idade: Indiferente.
Melhor horário: Na hora de qualquer refeição.

Conselhos prévios

- Procure fazer com que a comida já esteja preparada quando vocês se sentarem à mesa. Se enquanto seus filhos estão comendo você continua a cozinhar em pé, não conseguirá nada, além de ficar nervosa se eles se comportam mal.

- O ideal é que as crianças façam ao menos uma das refeições diárias junto com os pais. Se não é possível nos dias de trabalho, aproveite os fins de semana. É durante o período letivo que mais coisas acontecem na vida das crianças; se você não estiver por perto para ajudá-las, não lhe pedirão ajuda quando crescerem.

Materiais

- Uma mesa com a refeição que vocês vão fazer.
- Uma folha de papel, um lápis e uma borracha.
- Tempo, o que você achar melhor para o futuro do seu filho; esta brincadeira é muito importante.
- Muita animação e entrega. Seus filhos não esquecerão disso.

Preparação

1 A primeira coisa que você deve fazer é sentar-se para estudar o programa de toda a família: os horários dela e os seus. Registre as atividades diárias de cada um.

2 O objetivo é encontrar um espaço de tempo livre comum que coincida com uma das refeições diárias. O preferível seria o jantar ou o café da manhã.

3 Se não encontrar esse tempo, tente modificar seu horário. No meu caso, jantamos às 8 e meia da noite com as meninas, para ficar com elas. Garanto que, à medida que organizar seus horários, você sentirá fome nessa hora.

4 Procure um momento adequado para explicar o projeto para os seus filhos. Não se admitem queixas ou sugestões de adiamento. Veja isso como um hábito que você e eles precisam adquirir, como uma terapia para a unidade familiar. Existe alguma coisa mais importante que isso?

5 Se estão todos presentes à noite, avise-os de que, a partir do dia seguinte, vocês vão jantar ou almoçar todos juntos.

6 Explique aos seus filhos que seu marido – se você é casada – e você estão muito animados com a ideia, que precisam ter alguns momentos para conversar com eles. Pode ser que eles achem estranho, mas enfatize a importância do que está pedindo.

7 Caso não possa fazer isso todos os dias, afixe em um lugar visível para todos um calendário-horário com o encontro de vocês. Demonstre que está animada. Por exemplo, no dia anterior lembre a eles: "Amanhã é o dia da nossa refeição em família. Tenho tantas coisas para contar para vocês!"

Começa a brincadeira

1 Quando chegar a hora, a mesa deve estar posta e a comida preparada. Se seus filhos ajudaram a fazer isso, tudo será mais fácil, já que a união começa com a divisão de tarefas.

2 Quando se sentarem à mesa, diga algumas frases engraçadas para dar início à brincadeira. Tenho certeza de que, se vocês começarem a comer rindo, o sucesso estará garantido! Eis o que preparei por escrito para a mãe que realizou esta brincadeira: "Querida família, a partir de hoje fica inaugurado o jantar em família. Nele todos pode-

remos nos expressar e dizer o que quisermos e até pedir ajuda. Só não vale comer a comida do outro ou arrotar." Ela leu o texto em pé, enquanto todos estavam sentados, com uma cenoura servindo de microfone.

3 Procure começar a falar, mas faça-o de forma natural. Não é um confessionário e há muitos dias pela frente. Não importa se no primeiro dia só você falar. Não comece, de uma hora para outra, a perguntar coisas íntimas ao seu filho.

Conselhos e variantes

- Se tiver oportunidade, convide um dia algum amigo de seus filhos para que o encontro seja mais interessante. Não se esqueça de que as crianças falam mais na casa dos outros!

- Nas primeiras vezes, você pode sugerir alguma das brincadeiras apresentadas neste livro para a hora das refeições. Se seus filhos são maiores, anote os assuntos que quer tratar com eles. Ou então conte-lhes alguma coisa que aconteceu com você ou de que gostou. Talvez você tenha dificuldade no primeiro dia, mas depois se sentirá muito feliz.

Valores

- **BEM-ESTAR EMOCIONAL:** As refeições em família proporcionam aos pais uma ocasião para buscar o bem-estar emocional de seus filhos desde pequenos. Esses encontros fazem com que crianças e adultos se comuniquem regularmente.

- **TRADIÇÕES:** Esse é o momento de transmitir a seus filhos as tradições familiares e de contar-lhes sobre sua infância, sobre sua vida quando você era criança.

- **COMPARTILHAR:** A mesa é o lugar perfeito para compartilhar experiências, opiniões e sentimentos. Ao crescer, você se dá conta de que suas melhores lembranças não são grandes coisas, e sim o carinho que recebeu de sua família e de seus amigos.

- **EXPRESSÃO:** Enquanto todos estão sentados à mesa, você está mostrando a seu filho o poder da comunicação e da expressão; conversar é muito importante.

- **DETECÇÃO DA ANOREXIA E DA BULIMIA:** Os estudos científicos nos indicam que comer sem companhia multiplica por três o risco de sofrer de uma dessas enfermidades.

32 A FAMÍLIA SE COMUNICA

Eduque as crianças e não será preciso punir os homens.

Pitágoras

Utilidade

A comunicação entre as pessoas é sempre complexa. Através de diferentes sinais transmitimos nossos sentimentos e pensamentos. Cada criança se expressa de uma forma determinada, e, se não aprender a expressar suas impressões e inquietudes desde pequena, talvez acabe fazendo isso por meio de atitudes agressivas e incorretas.

Com esta brincadeira queremos que seu filho e você estabeleçam uma aproximação que os ajude a falar quando surgir algum problema.

Experiência

Quando éramos pequenos, todos os anos meu pai escrevia uma carta para cada um de seus filhos (sete!) no dia de Reis. Não eram cartas em que se falava de coisas materiais, e sim de sentimentos e do que realmente os Reis Magos pensavam de nosso comportamento.

Meu pai sempre começava dizendo alguma coisa boa sobre nós: quanto havíamos trabalhado bem, como éramos generosos e alegres... Também dizia o que esperava de nós para o ano seguinte, o que incluía superar alguns maus hábitos como ser respondões, não prestar atenção, não recolher os brinquedos...

Foi assim todos os anos até que tivemos filhos, e então eu decidi experimentar isso com os netos de meu pai. Minhas filhas recebem uma carta a cada 15 dias!

Características

Número de participantes: Pelo menos 2.
Interior ou exterior: Ambos.
Idade: A partir dos 5 anos.
Melhor horário: Como ocorre uma vez a cada 15 dias, pode fazê-la no fim de semana a qualquer hora.

Materiais

- Folhas de papel, lápis, borrachas e também envelopes. Como você vai escrever cartas, pode fazê-lo também com o computador. Nesse caso, compre folhas e envelopes coloridos para que seja mais bonito e especial.
- Senso de humor e uma dose elevada de ternura.
- Tempo – todo o tempo de que você dispuser – para falar e ouvir.

Preparação

1 Vamos supor que sua família seja composta de 4 pessoas, os pais e dois filhos, um de 5 e outro de 10 anos. Quando decidirem começar a brincadeira, prepare os papéis e os lápis.

2 Explique com clareza o motivo desta brincadeira: "Papai e eu queremos que cada um de nós diga o que sente pela família, o que gosta e o que não gosta no outro. Por isso vamos fazer uma brincadeira muito divertida de que vocês gostarão muito."

3 Deixe bem claro que a brincadeira é familiar e que o que realmente importa são a liberdade de expressão e a sinceridade. Na carta podemos dizer o que gostamos e o que não gostamos na outra pessoa, o que queríamos dela (por exemplo, ficar mais tempo com ela). Cite alguns exemplos para seus filhos; quanto mais exemplos você apresentar, melhor eles se expressarão.

4 Anuncie: "Começaremos a brincadeira amanhã de manhã e teremos todo o dia para fazê-lo. Cada um escreverá sua carta quando quiser, e à tarde a entregaremos à outra pessoa."

5 Esta brincadeira é pessoal e a carta só será lida por seu destinatário. Só será lida em voz alta se essa for a vontade de quem a escreveu. É muito importante que seu filho

saiba que o destinatário não revelará seus sentimentos se ele não desejar que eles sejam revelados.

6 Em seguida, cada um de vocês escolherá a pessoa para quem escreverá a carta. O primeiro a escolher será a criança com mais problemas de expressão. Depois a outra criança, e assim até chegar aos adultos.

7 Diga ao menor que você escreverá a carta, mas seguindo as indicações dele. Pode orientá-lo por meio de perguntas curtas como: "O que você mais gosta em seu pai?"

Começa a brincadeira

1 Chegou o dia! Quando todos se levantarem, distribua as folhas e os lápis. Ao entregar o material, você os está convidando a participar.

2 A partir desse momento, começa a brincadeira. Diga a que hora do dia termina o prazo para a entrega das cartas.

3 Também é importante determinar uma hora de reunião para o dia seguinte.

4 Chegou o dia seguinte e vocês todos se reúnem. "Aqui só vamos falar o que quisermos de nossas cartas. Além disso, cada um dirá para que lhe serviu a brincadeira e se gostaria de mudar alguma coisa nela." Pergunte se alguém quer que sua carta seja lida em voz alta.

Conselhos e variantes

- Esta brincadeira pode ser realizada assiduamente por muitos anos. É ótima entre adolescentes!

- Lembre-se de que o importante é você conversar com seus filhos, e não apenas falar para eles.

- Tente abordar temas difíceis em sua carta, mas não todos. Um de vez em quando é suficiente!

- Responda sempre às perguntas de seu filho, mesmo que você julgue que ele não está preparado para a resposta. Se não souber por onde começar, pergunte a ele: "O que você sabe sobre isso?" Assim descobrirá em que nível você deve responder. Se você deixar de lhe dar uma resposta hoje, amanhã ele não lhe perguntará nada.

Primeiro o positivo

Sempre comece sua carta destacando os aspectos positivos. Deixe os negativos para o final, e não julgue. Apenas diga o que sente e o que você gostaria que mudasse.

- Dê nome às emoções: tristeza, medo, raiva…

- Termine sempre com uma mensagem bonita: "Você é muito importante para mim", "Acredito em você", "Sei que você consegue…"

- Olhe sempre nos olhos de seu filho quando falar com ele. Se você o tocar de vez em quando, ele se sentirá mais ouvido. Se terminar com um "amo você" como afirmação completa, em vez de dizer "gosto de você quando…", será a dose perfeita de carinho e comunicação.

Valores

- **EXERCITAR A LINGUAGEM:** Em um mundo tecnológico e puramente visual, a linguagem vai empobrecendo e com ela a nossa capacidade de expressão. Dotemos nosso filho dessa ferramenta tão poderosa.

- **EXPRESSAR EMOÇÕES:** As crianças que canalizam suas emoções são mais seguras e felizes. Se têm um problema e o expressam, expulsam o ódio, a raiva e o rancor.

- **TERAPIA DE EXPRESSÃO ESCRITA:** Fazer com que nosso filho escreva é uma grande terapia para ele. Se é capaz de fazê-lo, poderá recorrer à língua escrita sempre que se sentir mal. Eu mesma encontrei mais de uma vez um bilhete que minha filha havia escrito para si mesma!

- **CONFIANÇA:** Se seu filho descobrir que obtém benefícios ao dizer o que sente sobre alguém, no futuro será capaz de conversar com você sobre coisas boas e ruins que aconteçam entre vocês.

- **COMUNICAÇÃO:** Este deve ser o pilar fundamental da família.

33 PENSAMENTOS ESSENCIAIS

Não estamos preparados para encarar a verdade. Não é fácil e quase sempre não é adequado. Digam sempre a verdade.

Javier Rioyo

Utilidade

A felicidade de crianças e adultos não é constituída pelos bens materiais ou pelos caprichos satisfeitos, e sim pelo amor e pela atenção que recebemos e damos aos que nos rodeiam. Se a cada dia dedicamos um pouco de tempo em ouvir nossos filhos, eles se sentirão mais seguros emocionalmente, e nós, mais perto do coração deles.

De nada adianta uma criança ser um bom esportista se não consegue manter uma conversa. Sua educação deve ser integral.

Com esta brincadeira, queremos que você se aproxime cada vez mais de seu filho, ajudando-o a se sentir importante, a saborear as coisas boas que aconteceram com ele e que o farão crescer emocionalmente.

Experiência

Isabel tem 10 anos e a cada dia falava de suas próprias coisas durante o jantar. Marta, com 5 anos, não conseguia se expressar como sua irmã, e ficava irritada. Nada do que ela contava parecia interessar os adultos.

Quando começamos a praticar esta brincadeira, cada um teve um momento de glória, e, além disso, ela fez com que as duas irmãs ficassem muito mais próximas.

Características

Número de participantes: Pelo menos 2. Podem ser mais.
Interior ou exterior: Ambos.
Idade: A partir dos 4 anos a criança deve expressar-se com clareza.
Melhor horário: Antes de ir dormir, talvez no fim da tarde. Esta brincadeira favorece o sono, já que lembra bons momentos e apaga os ruins.

Materiais

- Um lugar para se sentar sem televisão nem barulho.
- Um sorriso bem grande.
- Um abraço inesperado.

Preparação

Vocês terminaram de jantar e todos parecem cansados. Seu filho pede-lhe que troque a leitura de um livro por esta brincadeira. Conversar com os pais também é muito bom!

Começa a brincadeira

1 Diga a ele: "Hoje nós dois vamos nos sentar para conversar um pouco sobre o nosso dia."

2 É muito importante que seu filho fique o mais perto possível de você. Lembre-se de que o sentido do tato é o que mais nos aproxima.

3 "Vamos brincar de lembrar dos bons momentos do dia. Os momentos ruins irão desaparecendo da memória. Qual foi a melhor coisa que aconteceu com você hoje?"

4 No início, seu filho não saberá dizer ao certo qual foi o melhor momento para ele. Além disso, se ele for pequeno, não saberá se expressar muito bem. No entanto, à medida que praticar este jogo, você ficará impressionado com a fluência que ele adquire.

5 Expliquem por turnos as coisas mais bonitas do dia. "A coisa mais bonita que me aconteceu hoje é que ajudei a vizinha a carregar suas compras e, agradecida, ela me deu um beijo."

6 Quando seu filho contar alguma que aconteceu com ele, elogie-o e comente. "E então, você já fez as pazes com esse seu amigo? Isso foi porque você foi amável com ele." Não se esqueça de fazer um comentário positivo para tudo o que ele contar.

7 Quando perceber que seu filho está cansado, encerre a brincadeira.

8 Não utilize esta brincadeira para perguntar coisas que você queira saber de seu filho. Deixe que ele lhe conte o que quiser. É uma brincadeira de relaxamento para preparar o sono e compartilhar as coisas mais bonitas do dia.

Conselhos e variantes

- Pode fazer esta brincadeira todas as vezes que quiser, mas não ultrapasse duas ou três vezes por semana. Alterne-a com outras para que não se torne repetitiva.

- Pode fazer esta brincadeira até que seu filho cresça. Não há idade para falar dos sentimentos.

- Se você janta com seus filhos sem televisão, é o momento perfeito para falar. Relacionar as refeições com a reunião familiar é excelente.

Valores

- **AUTOCONFIANÇA:** Com esta brincadeira incentivamos os pensamentos positivos em nosso filho e tiramos a importância das coisas negativas; o que realmente importa é o que é bom.

- **RELAXAMENTO:** Esta brincadeira é muito boa para preparar para o sono. Qualquer relaxamento mental é bom.

- **UNIÃO:** Se nosso filho nos conta suas pequenas coisas e nós as elogiamos, será mais fácil que ele nos conte coisas mais importantes.

- **DISTINGUIR O QUE NOS FAZ FELIZES:** Tomar consciência das experiências positivas de ambos ajudará seu filho a distinguir o que realmente pode fazê-lo feliz. Ajudar os outros é uma das coisas mais gratificantes.

34 SÓ ASSISTO A UM POUCO DE TEVÊ

A empatia, essa genuína capacidade que todos os seres humanos temos para sentir as emoções alheias e nos colocar no lugar do outro.

Ignacio Morgado

Utilidade

A televisão e o computador podem ser viciantes para crianças e adultos. Nossos filhos vivem num mundo em que os desenhos animados e os *videogames* têm demasiado protagonismo. Essas meninas que só pensam em comprar roupas novas ou os robôs que matam o primeiro que cruza o caminho deles vão instalando no cérebro de nossas crianças valores mais do que duvidosos.

Se não controlamos o tempo em que eles assistem à televisão ou que estão na frente do computador, faremos com que, no final, nossos filhos vivam isolados num mundo irreal.

Experiência

Maria Luísa tem 11 anos. Desde os 10 tem um computador com acesso à internet em seu quarto, o mesmo em que dorme. Quando tem vontade, joga *on-line* ou conversa com suas amigas por *chat*.

Um dia fomos à praia, e sua mãe comentou comigo, preocupada, que a menina não se relacionava com as outras crianças e que se entediava com elas. Maria Luísa me confessou que adoraria ter um computador na praia.

Esta situação me levou a criar esta brincadeira para que a menina se "desconectasse" do mundo virtual em que vivia grande parte de sua existência.

Características

Número de participantes: Seu filho e você.
Interior ou exterior: Ambos.
Idade: A partir dos 4 anos (há crianças que com esta idade já têm computador).
Melhor horário: Indiferente.

Materiais

- Um cartaz com o horário semanal de seu filho.
- Uma folha de papel em branco, um lápis e uma borracha.
- Muita paciência e um tom de voz agradável e calmo.

Preparação

1 Elabore um horário semanal de seu filho, desde quando se levanta até quando vai dormir, no qual estejam incluídas todas as suas atividades extraescolares.

2 Anote exatamente o tempo que ele dedica a jogar no computador e a ver televisão.

3 Pense no tempo que você está disposta a lhe conceder para ficar diante da tela. A meu ver, meia hora por dia é suficiente.

4 Anote no horário o tempo decidido. Nunca antes de ir dormir, pois ele ficaria superestimulado. Além disso, esse momento deve ser dedicado à leitura de um livro ou a uma conversa.

5 Anote também o tempo que ele terá livre depois de eliminar o que antes era dedicado à televisão ou ao computador. Isso é muito importante, porque você terá de substituir esse tempo por alguma atividade.

6 Invente por fim uma recompensa importante. Alguns pais preferiram uma tarde de cinema: convidaram algumas amigas das crianças para ver um bom filme em casa com pipoca e todo o resto. As meninas gostaram muito e depois foram brincar no parque.

7 Pense numa fórmula para impedir o acesso da criança à televisão ou ao computador (uma chave, uma senha etc.).

8 Uma vez concluídos os preparativos, diga a seu filho que quer conversar com ele. Procure o momento e o lugar adequados (não enquanto está caminhando pela rua, nem assim que saiu da escola ou antes de ir para a cama). Sente-se com ele, mas não lhe mostre nenhum horário.

9 É muito importante ter uma atitude firme e não fazer nenhuma concessão aos pedidos dele. Pense que no início ele não vai reagir bem, mas é normal. Seu filho tem um vício e terá dificuldade em se livrar dele.

Começa a brincadeira

1 Diga ao seu filho: "Papai e eu decidimos que a partir de amanhã a televisão e o computador só serão utilizados meia hora/uma hora por dia. Você passa tempo demais na frente da tela e isso nos impede de fazer coisas juntos." Nesse momento seu filho ficará perplexo, mas continue, mesmo que ele comece a gritar. Mantenha a calma; não levante a voz nem lhe dê mais explicações que as necessárias.

2 "Não sabemos muito bem quando você deve dispor dessa meia hora/uma hora diária, por isso vamos escolher juntos, está bem? Você pode dividi-la entre a televisão e o computador, ou então dedicar todo esse tempo diário a um deles."

3 Pegue a folha de papel, o lápis e a borracha e analisem juntos o horário. No início seu filho ficará inconformado, e continuará a dizer que não é possível. Continue a falar; quando ele perceber que não há como voltar atrás, começará a colaborar.

4 A cada dia proponha a ele uma atividade agradável que preencha a privação. Devem ser coisas divertidas: ir tomar um lanche, passear no parque, brincar de alguma coisa de que ele goste...

5 Um dia por semana prepare algo de que ele goste muito como recompensa por estar passando pelo teste. Por exemplo, uma tarde ele pode convidar um amigo para brincar em casa.

6 Afixe o horário no quarto dele. Ele deve saber a hora de que dispõe, sem que você diga nada. Se deixar passar, não pode recuperá-la (você pode abrir uma exceção apenas no primeiro dia).

7 Ligue você a televisão ou o computador no horário combinado. Cinco minutos antes de desligá-los, avise à criança: "Você tem mais cinco minutos."

8 Passado o tempo regulamentar, desligue o aparelho. Em cinco minutos, a criança deve ter tido tempo de terminar o que estava fazendo.

9 Durante os primeiros dias, seu filho deve sentir-se compensado emocionalmente. Não quebre sua conta-corrente emocional!

Conselhos e variantes

- O vício em computador é aplicável a todo tipo de jogos eletrônicos e internet. Em contrapartida, os trabalhos escolares são atividades que não devem estar sujeitas ao tempo estabelecido.

- No fim de semana vocês podem assistir a um bom filme em casa. Mostre à criança que a televisão é algo que deve ser compartilhado e aproveitado de forma seletiva.

Valores

- **RESPONSABILIDADE:** Ao fazer com que nosso filho seja responsável por seu horário, o ensinamos a ser dono de seu tempo.

- **EVITAR O CONSUMISMO:** Afastando-o da televisão, nós o afastamos também do consumismo promovido pelas propagandas.

- **SOCIABILIDADE:** A relação com outras crianças necessita que todos interajam reciprocamente. Se nosso filho fica muito tempo fechado em seu quarto, acaba se entendiando no parque e a socialização se tornará cada vez mais difícil para ele.

- **CRIATIVIDADE:** Se propomos que a criança realize atividades criativas, como pintar, fazer artesanato, preencher álbuns de fotografias ou escrever, estimulamos sua imaginação. As crianças devem exercitar sua mente, e não se deixar guiar por padrões externos irreais.

- **EVITAR A OBESIDADE:** Está comprovado que a obesidade quase sempre é decorrente do sedentarismo.

Conselhos para usar bem a televisão

- Crianças menores de 2 anos não devem assistir à televisão.

- Não a use como babá de filhos pequenos.

- Faça uma lista dos programas a que seus filhos podem assistir. Não seja condescendente. Proibi minha filha de assistir a uma série e ela não ficou com nenhum trauma!

- Não permita que a criança assista à televisão ou jogue no computador antes de ir dormir.

- Observe as reações da criança enquanto está assistindo à televisão e, sempre que puder, comente sobre os programas que ela vê; esse é um ótimo momento para ensinar-lhe coisas.

- Não instale uma televisão no quarto da criança. A televisão precisa reunir a família, não separá-la.

- Evite ligar a televisão por ligar. Só o faça para assistir a um programa concreto.

- Não deixe a televisão ligada durante as refeições, já que dessa maneira vocês não poderão conversar uns com os outros.

- Nunca castigue nem recompense seu filho com a televisão.

BRINCADEIRAS PARA ENSINAR

Bons hábitos de estudo

35 AGORA QUERO IR PARA A ESCOLA

A educação não é a preparação para a vida, e sim a própria vida.

John Dewey

Utilidade

Sua imaginação pode ajudar seu filho a enfrentar um momento de solidão, vergonha ou até negligência. Esta brincadeira exigirá todos os seus dotes de interpretação. Acrescente a ela uma voz muito suave, bem como uma atmosfera de mistério…

Experiência

Ao se levantar, Marta não estava se sentindo bem e não queria à escola. Nesse dia fizemos esta brincadeira. Emprestei-lhe meu ursinho azul, um que ganhei de presente quando era pequena e que nunca deixo ninguém tocar. Sempre dou a desculpa de que recebi de presente de uma fada para que me acompanhasse enquanto trabalho. Nesse dia, Marta o levou para a escola em sua mochila, junto com muitos beijos.

Quando voltou, não sentia mais nada, e me disse que trazia a mochila cheia de beijos… Havia conseguido fazer com que muitas crianças deixassem lembranças dentro dela!

Características

Número de participantes: Seu filho e você.
Interior ou exterior: Ambos.
Idade: A partir dos 3 anos.
Melhor horário: Quando você perceber que seu filho necessita de motivação para ir a algum lugar.

Materiais

- Escolha alguma coisa que ele possa levar para a escola na mochila ou no casaco. É imprescindível que seja algo seu, como uma boneca, uma pulseira ou um chaveiro.
- Toda a brincadeira estará envolta numa atmosfera de mistério.
- Você deve prepará-la praticamente na hora em que ele vai para a escola. Se a preparar com muita antecedência, seu filho perderá o interesse.

Preparação

1 É a típica manhã de inverno em que seu filho se levanta indisposto; à noite chegou a ter febre. "Papai, não quero ir à escola; estou com dor de garganta." Você o toca e percebe que ele está bem, embora não duvide de que esteja com dor de garganta. Mesmo assim, pode muito bem ir à escola. Além disso, se for para a casa dos avós, ficará aborrecido.

2 Diga a ele: "Chegue mais perto, vou lhe contar um segredo." Então pense em alguma coisa que poderá convencê-lo de que não estará sozinho. Por que não aquele peso de papéis tão bonito ou aquela caixinha que você nunca deixa que ele pegue?

Começa a brincadeira

1 Abra a mochila de seu filho enquanto diz: "Esta caixinha é mágica. Você vai levá-la para a escola, mas tome muito cuidado. Ela ajudará a fazer com que, quando sua garganta doer, a dor passe."

2 É muito importante não dar à criança a ideia de que ela não vai sentir dor ao levar a caixinha, e sim que vai ajudá-la a suportar a dor. Se você lhe diz que vai ficar curada e isso não acontece, ela nunca mais vai acreditar em você. Dessa maneira, você não lhe promete nada, apenas companhia.

3 Explique à criança que não pode brincar com a caixinha e não deve tirá-la da mochila se sua garganta não doer.

4 A criança irá para a escola muito feliz: está levando a caixinha que seu pai nunca permite que ela pegue e que, além disso, é uma caixinha mágica… Com certeza já deixou de ter dor de garganta!

5 Assim que seu filho voltar da escola, pergunte-lhe por sua experiência mágica.

6 Peça-lhe que devolva o objeto que você lhe deu. Não deve ficar com ele mais tempo para não perder o interesse. No futuro voltará a ser útil para você.

Conselhos e variantes

- Faça uma lista mental de objetos que possam ser úteis. Eu cheguei a comprar nas lojas de R$ 1,99 uma caixinha vistosa para ocasiões como essas.

Valores

- **SEGURANÇA:** Mostre a seus filhos que há objetos e momentos que nos ajudam a nos sentir seguros e felizes.

- **IMAGINAÇÃO:** Com esta brincadeira, mostramos a eles que a magia está ao alcance de todos.

36. APRENDO A ME ESFORÇAR NA ESCOLA

A educação é o movimento da escuridão para a luz.

Allan Bloom

Utilidade

Nossos filhos crescem e com eles suas responsabilidades. Às vezes não sabem enfrentá-las e têm dificuldade em organizar adequadamente seu tempo e esforços. Afinal, não podemos nos esquecer de que são crianças!

Com nossa ajuda, muito amor e paciência, nosso filho aprenderá a aproveitar seu tempo de trabalho para dispor de mais momentos livres.

Experiência

Em seu sétimo ano de vida, Carlos não tem muitas tardes livres. Sempre precisa fazer tarefas que não fez na escola. Que chatice! Nada o agradaria mais do que estar na rua com sua turma, mas, como não consegue terminar suas atividades na escola, é obrigado a levá-las para casa. Em uma semana, Carlos deixou de trazer tarefas escolares para casa, e até quando havia alguma atividade extra, aproveitava o tempo muito mais do que antes.

Características

Número de participantes: Seu filho e você.
Interior ou exterior: Ambos.
Idade: A partir dos 3 anos.
Melhor horário: Indiferente.

Materiais

- Um lugar tranquilo e iluminado, sem muito barulho nem distrações, no qual você e seu filho possam ficar sozinhos.
- Uma mesa e duas cadeiras.
- Várias folhas de papel.
- Muitos lápis de cor e um lápis preto.
- Fios coloridos para fazer uma pulseira.
- E o mais importante: amor, paciência, criatividade… e a certeza de que vai funcionar!

Pulseira de concentração

Peça a seu filho que escolha três fios coloridos para fazer uma pulseira mágica. Faça uma trança com eles – se ele ajudar, melhor ainda – e coloque-a no braço dele, dizendo: "Todas as vezes que você a vir, lembrará que deve trabalhar e aproveitar o tempo. Não se esqueça de que você se comprometeu a se esforçar. Eu estarei sempre com você…"

Preparação

1 Nosso filho chega da escola e mais uma vez não terminou as atividades de classe. Sente-se com ele num lugar tranquilo, iluminado e sem barulho para ter uma conversa. Este simples fato demonstra que a situação é especial e que você vai lhe dizer uma coisa bem séria.

2 "O que está acontecendo? Você não entende os exercícios? Você se esforça, mas não consegue resolvê-los? Por isso precisa repeti-los? Vamos procurar uma solução para que seu trabalho na escola melhore."

3 Agora deixe que ele lhe conte o motivo de sua ineficiência no trabalho escolar e peça-lhe que registre em uma folha de papel, por exemplo:

"Perco muito tempo apontando os lápis na lixeira com meus amigos."
"Se não sei fazer alguma coisa, não pergunto à professora; penso em outras coisas."
"Converso muito com meus amigos e a professora fica brava comigo."

4 Vamos perceber que o problema está na falta de atenção de nosso filho. Ele se distrai com coisas absurdas e acaba errando.

Começa a brincadeira

1 Diga a ele: "Juntos, você e eu vamos encontrar uma solução para os problemas que anotamos no papel." E elaborem algumas regras como as seguintes:

a) Preparar o material antes de ir para a escola. Assim, por exemplo, não terá que apontar os lápis em sala de aula.
b) Lembre-se de que precisa trabalhar, que seu tempo de descanso é o recreio.
c) Ensine-o a perguntar tudo o que não souber. A professora está lá para isso!

2 Uma vez detalhados na folha os problemas e as soluções, vamos explicar à criança que, se se esforçar mais na escola, ficará feliz porque aprenderá mais coisas, será mais admirada, obterá notas melhores e, o mais importante, poderá brincar mais tempo com os amigos. A recompensa será poder aproveitar seu tempo livre à tarde!

3 Podem incluir na folha de papel desenhos e usar muitas cores. Vocês devem elaborá-la juntos e precisa ser uma coisa divertida. Esta folha deve estar à vista no quarto da criança, servindo de decoração.

Conselhos e variantes

- É aconselhável nunca falar mal da professora de nosso filho diante dele, já que a consequência é a perda de respeito por ela. É um problema atual com que deparam muitos docentes.

Valores

- **ATENÇÃO:** A criança aprende a prestar atenção e a se concentrar em seu trabalho.
- **DISCIPLINA:** Aprende a valorizar o trabalho diário realizado na escola.
- **ORGANIZAÇÃO:** Aprende a organizar o tempo e a saber o que é prioritário.
- **RESPONSABILIDADE:** Aprende a cumprir seus compromissos.

37 APRENDO A ESTUDAR SOZINHO

Para uma criança, a maneira como seus pais e educadores falam com ela indica o que sentem por ela.

Haim Ginott

Utilidade

Todos os pais desejamos que nossos filhos adquiram agilidade mental, mas às vezes não encontramos a fórmula para que consigam concentrar-se. Do ponto de vista escolar, o salto é muito grande a partir dos 8 anos e, se as crianças não tiveram um hábito de estudo prévio, é muito difícil que as primeiras notas sejam brilhantes.

Hoje muitas crianças não se concentram diante de um livro ou na hora de fazer seus deveres. Cada criatura é um mundo, por isso esta brincadeira promove as atitudes positivas e a coordenação entre pais e filhos, para fortalecer o triângulo equilátero constituído por pais, filhos e educadores.

Experiência

Helena é uma menina bastante esperta. Tem uma grande dose de empatia, mas tem um problema na hora de fazer suas tarefas: demora mais que o dobro que sua amiga para realizá-las. É inteligente e muito viva, e sua única dificuldade é a falta de concentração.

Esta brincadeira produziu resultados ótimos nela a partir do terceiro dia.

37 APRENDO A ESTUDAR SOZINHO

A educação vem em embalagens individuais

Deixe de lado os tópicos sobre a educação: cada criança é diferente e, se quiser que ela se motive, terá de abrir sua mente e explorar novas perspectivas para encontrar soluções sob medida. Na formação das crianças, não existem receitas universais.

Características

Número de participantes: Seu filho e você.
Interior ou exterior: Ambos.
Idade: A partir dos 5 anos (é recomendável criar hábitos de trabalho a partir dos 4 anos).
Melhor horário: A melhor hora para os estudos é a parte da manhã.

Conselhos prévios

- Lembre-se de que o hábito é fruto da repetição continuada. Uma criança que estuda cada dia num lugar e numa hora diferente nunca terá um bom hábito de estudo. O ingrediente material mais importante é um lugar agradável onde a criança estude todos os dias.

- Não se esqueça de conversar com seus melhores aliados: os educadores de seu filho. Confie neles e, antes de começar esta brincadeira, pergunte-lhes como ele se comporta em classe, se demora para fazer as tarefas, se se concentra... Explique-lhes que deseja ajudar seu filho; são eles que melhor conhecem suas possibilidades de estudo e suas dificuldades específicas.

Materiais

- Um relógio em que os números sejam bem visíveis. Ele servirá para medir o tempo e deve ser controlado pela própria criança.
- Muita empatia. Coloque-se no lugar da criança e imagine como ela se sente.

Preparação

Antes de realizar esta brincadeira, prepare a criança durante uma semana para que ela esteja pronta.

1 O primeiro passo preparatório será denominado: "Interesso-me pelo que meu filho faz na escola." Durante a semana de preparação, todo dia e com uma frequência cada vez maior, aproveite um momento em que estiver com seu filho e pergunte a ele o que faz dentro e fora da sala de aula. Eu costumo fazer esta atividade todos os dias enquanto jantamos ou tomamos o café da manhã. A mesa é a grande aliada para as conversas!

2 Ao segundo passo daremos o nome de: "Isto não é um quartel." Esqueça suas qualidades de mando. Faça uma lista das vezes em que você diz de maneira autoritária: "Aponte o lápis", "Apanhe sua mochila", "Sente-se aqui", "Pegue os livros", "Não se mexa da cadeira..." Durante a semana, evite falar dessa maneira.

3 Procure um lugar com claridade suficiente ou, na falta dela, luz artificial, e providencie uma mesa grande (as crianças espalham muitas coisas e isso é bom).

4 Pergunte ao professor dele qual material complementar ele precisa em suas tarefas e prepare-o durante esta semana.

5 A criança deve estudar sempre à mesma hora, com exceção de algum dia extraordinário em que isso seja impossível por coincidir com outra atividade mais importante.

Começa a brincadeira

1 Prepare-se para anotar suas respostas e comentários.

2 Agora diga a ele (isto é muito importante) o que conseguirá se tiver bons resultados escolares e trabalhar bem. A criança deve saber que fazer um bom trabalho é muito importante para os pais; se ninguém lhe diz isso, ela nunca saberá. A comunicação é a única forma com que nós, seres humanos, podemos nos entender: ainda não descobrimos a telepatia familiar!

Argumentos que podemos dar-lhe para estudar:
– Já sei que os estudos não são tão divertidos quanto jogar uma partida de futebol ou ver televisão, mas você tem de se esforçar. Você é muito inteligente e tenho certeza de que vai se sair muito bem.
– Se você aproveitar o tempo, logo terá mais tempo para se divertir.
– Seus professores e nós vamos valorizá-lo mais pelo esforço que você fizer em seu trabalho (NÃO confundamos as notas com o esforço; o importante é que a criança trabalhe bem, embora não obtenha melhores notas).
– Pense que, se você conhecer bem um assunto, poderá divertir-se em sala de aula e poderá participar.
– Quanto mais você souber e aprender, mais desejará aprender. Um pequeno sucesso fará você ir mais longe.

3 Mostre-lhe seu novo lugar de trabalho. Explique-lhe todas as novidades que você tem: o relógio, o material complementar (pode haver ali uma bandeja com borrachas, lápis de cor e outros materiais para a criança não ter de usar os do colégio).

4 Vamos começar pelas tarefas que exijam mais concentração: Matemática, Língua Portuguesa... Em seguida, passamos para as mais tranquilas, e assim até terminar.

5 Pegamos uma folha de papel e anotamos as tarefas de acordo com as prioridades, e faremos um cálculo aproximado do tempo de que necessitamos para cada uma delas. Podemos perguntar à criança como mais uma parte da brincadeira: "De quanto tempo precisamos para Matemática?" Não atribua tempo demais nem tampouco de menos.

6 Passado o tempo estabelecido para a tarefa, veremos se falta muito para terminar, como se fosse uma corrida. Essa meta ajudará a criança a se concentrar. A cada dia podemos diminuir o tempo, avaliando o que ela consegue fazer.

7 Ao final, recompense seu filho pelo esforço. Um bom abraço ou um passeio juntos cairão bem.

8 No dia seguinte, depois de terminar, compare o tempo dedicado com o utilizado a mais no dia anterior. Se seu filho sabe somar, será um bom exercício extra.

Conselhos e variantes

- Não permita nenhuma exceção até que o hábito esteja arraigado.

- Pense que as tarefas de seu filho são o mais importante. Ele não poderá ter tempo para estudar se realiza muitas atividades.

- Não se preocupe se seu filho ficar demasiado preocupado com o relógio, pois esta é uma ótima fonte de motivação para aproveitar o tempo.

- Ao perceber que seu filho adquiriu mais desenvoltura, incentive-o a atribuir ele mesmo o tempo de estudo.

- Não se sente com seu filho. Ele precisa fazer as tarefas sozinho. Você deve apenas apoiá-lo. Se você se sentar com ele à mesa no primeiro dia, desejará que o faça sempre.

- Não o deixe sozinho no quarto durante todo o tempo em que estiver fazendo as tarefas; entre em seu local de trabalho de vez em quando, mas sem atrapalhá-lo.

Valores

- **ORGANIZAÇÃO:** Você preparou um material complementar que seu filho valorizará. Dessa maneira, ele será levado a aprender, sobretudo, que todo trabalho exige uma organização prévia. Isso é muito importante para alcançar o sucesso: quanto maior a quantidade de ingredientes disponíveis antes de começar, melhor será o trabalho, e mais rápido.

- **CONTROLE DO TEMPO:** Ensinar nossos filhos a controlar seu tempo é dar-lhes a entender que a cada ato corresponde uma duração e que, se dedicamos tempo demais a um deles, não podemos realizar outro.

- **AUTOESTIMA:** Uma criança que leva suas tarefas concluídas para a escola, cujos pais se interessam por seus estudos e que vai descobrindo o imenso mundo do conhecimento, se sentirá muito mais feliz e amada.

38 LEMBRO DE TUDO...

No escritório de meu avô havia livros por todos os cantos. Eu ainda não sabia ler e já reverenciava essas pedras erigidas.

Jean-Paul Sartre

Utilidade

A memória nos permite dispor das imagens e das palavras que retemos em nosso cérebro. Se organizamos essas ideias e conseguimos identificá-las pela linguagem, seremos capazes de nos expressar com naturalidade.

Se exercitamos a memória de nosso filho, nós o ajudaremos a reter toda a informação que for recebendo ao longo de sua vida.

Experiência

Alberto tem 9 anos. Este ano começou a estudar seriamente e precisa concentrar-se para em seguida poder explicar tudo o que aprende. Em sua casa é aplicado e faz bem as tarefas, mas quando quer repetir a lição diante dos pais ou do professor, tem problemas para organizar mentalmente o que aprendeu.

Preparamos esta brincadeira para sua classe e a cada dia era testada com um grupo de crianças. Eles gostavam tanto que pediam que a professora a repetisse. O melhor foi quando misturamos uma classe de último ano de educação infantil com uma do fim do último ciclo do ensino fundamental...

Se for breve, será duas vezes melhor

Esta brincadeira não é fácil, porque as crianças nunca usam frases curtas, mas precisam de mais palavras que nós para se expressar. Isso dificulta a atuação dos adultos, pois, como não têm facilidade em decorar as palavras, provocam a risada das crianças.

Características

Número de participantes: No mínimo 3, e não mais que 5.
Interior ou exterior: Ambos.
Idade: A partir dos 4 ou 5 anos.
Melhor horário: Quando você quiser. Poder ser à noite antes de dormir, à tarde ou então nos fins de semana.

Materiais

- Tempo: a duração é definida por você. É ótimo para brincar em família, entre adultos e crianças.
- Algumas cadeiras para se sentar. Também pode ser realizada durante uma viagem de carro ou na hora do jantar.
- Muita vontade de brincar e um quarto de imaginação.

Preparação

1 Peça a seu filho que se sente, porque vocês vão participar de uma brincadeira muito difícil que exige bastante concentração.

2 Para facilitar, comecem o jogo enumerando cores. Não nos esqueçamos de que se trata de decorar frases. Para não complicar, é melhor começar com frases curtas.

3 Sentem-se seguindo esta ordem: o menor (ou os menores) em primeiro lugar. Em seguida a ordem mudará, mas sempre começando pelos pequenos.

Começa a brincadeira

1 "Vamos começar com as cores, crianças. Primeiro, alguém diz uma cor e a associa a uma imagem: branco como a lua... O seguinte continua a frase repetindo a primeira: branco como a lua nas noites sem nuvens. Assim até o último."

2 Quando chegar a sua vez, diga alguma coisa engraçada. Vocês estão brincando! Diga por exemplo: "Branco como cuecas que acabam de ser lavadas..." Assim, eles se soltarão e a brincadeira será muito mais divertida.

3 Quando o último terminar de falar, pergunte às crianças menores se querem dizer mais alguma coisa. Em nossas brincadeiras, foram elas que pediram para continuar as frases, e foi muito interessante. É uma brincadeira interativa bem divertida.

Conselhos e variantes

- Incentive seu filho a dizer adjetivos que não sejam aplicáveis a determinado substantivo. Comece você e não se reprima (a diversão está garantida). Por exemplo: "Tomates rabugentos", "flores famintas"...

- Faça esta brincadeira misturando crianças e adultos. As crianças vão adorar e os adultos vão dar boas risadas!

- Outra variante da brincadeira consiste em narrar uma história contada por várias pessoas. Você começa com um trecho ou uma frase e cada um deve continuar o relato. Os participantes também se alternam.

Valores

- **EXERCITAR A LINGUAGEM:** Estamos ensinando nossos filhos que com a linguagem é possível construir uma história e que essa história é fruto de nossa imaginação.

- **VENCER A TIMIDEZ:** Com esta brincadeira, você ensina seu filho a se expressar diante das outras crianças. Não importa o que diga, não existem normas linguísticas nem inflexões de voz.

- **FALAR EM PÚBLICO:** Seu filho está ensaiando como dizer a lição diante de outras pessoas.

- **SUPERAÇÃO:** Esta brincadeira é muito interessante porque são as crianças que exercitam sua capacidade de decorar para assim poder superar seus adversários.

39 OS BIGODES DAS *MENINAS*

A arte é uma mentira que nos aproxima da verdade.

Pablo Picasso

Utilidade

A arte é vital para as crianças porque as ajuda a entender e a expressar seus sentimentos. Desde muito pequenas, elas gostam de desenhar porque assim representam seus medos e suas alegrias. É nessa época que é mais fácil assimilar os conhecimentos que constituirão a base de sua formação cultural.

Com esta brincadeira pretendemos fazer com que as crianças conheçam obras de arte, para despertar seu apetite cultural. Além disso, a vida está repleta de arte. Vamos brincar com a vida, então!

Experiência

Mercedes Martín trabalha num museu. Um dia me contou que o que mais gostava quando criança era desenhar bigodes nos personagens dos quadros. Mercedes trabalha com grupos de crianças que frequentam o museu. Às vezes elas ficam entediadas e não prestam atenção nos detalhes do quadro que ela quer explicar-lhes. Um dia decidimos experimentar esta brincadeira, e todas as crianças se lembram perfeitamente da obra que lhes mostramos!

Cada criança tem seu ritmo... até certo ponto

Procure utilizar uma linguagem adequada à idade da criança, mas não se esqueça de mencionar os elementos artísticos por seu nome. As crianças devem conhecer os diferentes materiais. Se uma criança de 3 anos pode aprender nomes de marcas de carros, como não vai aprender um vocabulário de arte?

Características

Número de participantes: No mínimo seu filho e você.
Interior ou exterior: Ambos.
Idade: A partir dos 5 anos.
Melhor horário: Quando você quiser. Pode ser antes de ir dormir, à tarde ou de manhã.

Materiais

- Xerox dos quadros que você quer trabalhar. O ideal é que sejam coloridos, mas pode fazê-los em preto e branco.
- Informação básica sobre a obra: nome do autor, o que representa, por que foi pintada, em que época, onde nasceu o artista, além do que considerar mais importante. Você pode encontrar muitos dados na internet.
- Tempo.
- Canetinhas coloridas e uma mesa para pintar.
- Um quilo e meio de sorrisos.

Preparação

1 Você está com os xerox das obras de arte e tem tempo para começar esta brincadeira. Prepare o lugar para pintar e chame seu filho.

2 Pegue apenas um xerox do quadro. Se mostrar mais de um, a criança vai querer usar todas.

3 Diga ao seu filho: "Hoje vamos fazer uma brincadeira muito divertida, vamos pintar bigodes nos personagens dos quadros."

4 Vocês já estão sentados. Antes de começar, conte uma pequena história. Conte, por exemplo, a história de Mercedes. "Quando eu era pequena, o que mais gostava era de pintar bigodes nos personagens das histórias em quadrinhos e dos livros. Eu fazia isso escondido porque não podemos pintar os livros. Quando fazemos isso, os personagens ficam irritados e vão se queixar, mas agora podemos fazer essa brincadeira porque tenho aqui cópias dos livros."

Começa a brincadeira

1 Com muita animação (você pode exclamar: "Tcharan, ran, ran!"), pegue o desenho e pinte o primeiro bigode.

2 Agora é o momento de dizer-lhe do que se trata. "O nome deste quadro é *As meninas*. Foi feito por um pintor chamado Velázquez que, certamente, tinha um bigode enorme... Para cada desenho que você fizer no quadro, vou contar-lhe algo sobre ele." Explique onde o pintor nasceu, por que pintou o quadro, quem aparece nele. Não se preocupe se seu filho é pequeno: o importante sempre fica! Mas não o sature de informação.

3 Assim que a obra de arte estiver pronta, peça-lhe que a assine. "É sua obra, querido. Todos os artistas assinam sua obra e esta é sua pequena contribuição."

4 Diga a seu filho que poderá escolher o próximo quadro e que, caso veja algum de que goste muito, você o conseguirá. Quando ele escolher, elogie-o: "Que ótima escolha! Eu adoro este quadro!"

5 Não se esqueça de colocar a obra retocada num lugar visível e mostre-a para as visitas. De nada adianta ter um troféu e não exibi-lo.

Conselhos e variantes

- Aproveite para fazer com que a arte se converta em parte da vida da criança. Não deixe de levá-la a museus.

- Você não é professor de artes, por isso não precisa dar uma aula. Esta brincadeira foi pensada para que os pais brinquem com seus filhos, e um pouco de explicação é suficiente. As crianças só guardarão o que julgarem mais interessante (especialmente as histórias).

- Cerque seu filho de arte desde muito pequeno. Fale da beleza de uma flor ou do sentido de uma música. Convide-o a dar sua opinião sobre algum aspecto. Por que não deixá-lo criar uma figura com cascas de nozes ou com as vagens das ervilhas enquanto você prepara o jantar?

Valores

- **PENSAMENTO ABSTRATO:** Ao empregar cores e linhas, as crianças trabalham com o espaço. Com o tempo terão mais facilidade em resolver problemas matemáticos e de linguagem.

- **EXPRESSÃO:** A arte é o espelho de nosso modo de ser. Toda nossa vida é expressão artística: a roupa que vestimos, nossas cores preferidas, a música, o cinema...

BRINCADEIRAS PARA ENSINAR

Bons hábitos de leitura

40 CARAMBOLA

Falar e falar bem são duas coisas diferentes. Um tolo pode falar, mas falar com propriedade é para os sábios.

Ben Jonson

Utilidade

Carambola é um jogo de linguagem muito simples e divertido que pode ser praticado em qualquer lugar. Estimula a linguagem oral e previne futuros problemas na leitura e escrita em idades escolares, já que trabalha a estrutura das palavras. Por exemplo: "Quantas sílabas tem a palavra *banana*?"

Com esta brincadeira criamos um contexto de entretenimento natural em que a aprendizagem desempenha o papel de protagonista.

Experiência

Carlos é um menino de 4 anos com problemas de expressão. Junta as palavras ao falar. Logo irá à escola e em seguida aprenderá a ler e a escrever.

Sílaba por sílaba

A parte da linguagem que será trabalhada nesta brincadeira é a consciência silábica e o conceito de "palavra". Não é preciso saber ler para participar, já que se trata de diferenciar as emissões de voz das palavras (sílabas) com toques, palmas, pulos...

Características

Número de participantes: Quem estiver por perto.
Interior ou exterior: Ambos.
Idade: A partir dos 3 anos.
Melhor horário: Qualquer momento do dia em que quiserem se divertir.

Materiais

Neste caso não precisamos de nada, apenas de vontade de brincar e de aprender.

Preparação

Brincar de *Carambola* nao requer um lugar e um espaço de tempo determinados. Podemos brincar em todos os lugares e adaptar a brincadeira à nossa rotina diária.

Começa a brincadeira

1 Carlos é um menino de 4 anos que todos os domingos vai ao sítio com sua família. Quando volta, espera ansiosamente o banho de água quente com espuma que sua mãe lhe prepara. Sabe que deve tomar banho, jantar e ir para a cama porque... tem de madrugar!

2 Assim que entra no banho, sua mãe lhe diz bem alto: "*Carambola!*", o que indica que a brincadeira começou. A mãe começa a observar os objetos em volta e escolhe um: "Espelho." A criança terá de bater com as mãos na água o número de vezes correspondentes às sílabas da palavra, no caso três: "es-pe-lho".

Conselhos e variantes

- Dei o exemplo do banho, mas a brincadeira pode ser realizada em qualquer momento, como eu disse anteriormente. Por exemplo: durante o jantar, batendo palmas, ou ao ar livre, dando pulos. Garanto que este último é muito divertido!

- A brincadeira também pode ser realizada ao contrário: por exemplo, a mãe bate palmas três vezes e a criança deve dizer todas as palavras que correspondam a essa estrutura. Não nos esqueçamos de que é preciso escolher objetos que estejam ao nosso redor. Esta variante da brincadeira é para crianças maiores.

Valores

- **DIVERSÃO:** Aprendemos a nos divertir a qualquer hora do dia, embora a brincadeira aconteça durante uma atividade rotineira.

- **RELAÇÃO AFETIVA:** Favorecemos a relação com nosso filho. Nada se compara a rir com seus entes queridos.

- **APRENDIZAGEM LINGUÍSTICA:** Estimulamos sua linguagem oral e prevenimos futuros problemas de escrita e leitura.

41 LEIO IMAGENS

*O livro é força,
é poder, é alimento,
é farol do pensamento
e manancial do amor.*

Rubén Darío

Utilidade

Os estudos científicos nos dizem que a parte auditiva do cérebro, encarregada de diferenciar um som de outro, se torna mais rígida a partir dos 8 anos de idade. Uma criança que não tenha aprendido a ler antes dos 9 anos terá dificuldades ao se tornar adulto.

Nossa casa é o berço em que a criança adquire o hábito da leitura. A criança que lê descobre um universo magnífico. Esta brincadeira mostra o mundo dos livros para as crianças que ainda não aprenderam a ler. Trata-se de levá-las a descobrir a paixão contida numa história.

Experiência

Laura tem 4 anos. Cada noite escolhe uma história e pergunta ao seu pai o que está escrito ali. Enquanto o pai lê, ela presta atenção e observa os desenhos e as letras. E, quando chegam ao final, sempre faz a mesma pergunta: "Quando eu vou aprender a ler?"

Quando meu pai me contou essa história, pensei que no futuro a menina seria uma grande leitora porque seu ambiente era propício. São os pais que podem fazer com que seus filhos leiam. Os professores facilitarão a técnica, mas é a família que deve promover o entusiasmo pela leitura.

O armazém da sabedoria

Uma biblioteca é um grande investimento futuro para o desenvolvimento intelectual de seu filho. Se vocês não podem ter uma em casa, ou se seu filho já conhece todos os livros que ali se encontram, sugiro que procurem a biblioteca municipal. A criança deve familiarizar-se com os livros. Para tanto, não há nada melhor que estar rodeado de páginas.

No entanto, como nem todos os meninos e meninas são como Laura, inventei esta atividade. Por isso, a brincadeira destina-se àquelas crianças que por si mesmas não pegariam num livro.

Características

Número de participantes: Seu filho e um adulto.
Interior ou exterior: Ambos.
Idade: A partir dos 2 anos e meio ou 3 anos (quando a criança é capaz de expressar o que ocorre em cada página).
Melhor horário: Antes de ir dormir, como complemento dos instantes que você vai passar com seu filho. Além desse horário, todas as vezes que você quiser ou que ele pedir.

Materiais

- Uma história adequada para a idade da criança.
- Tranquilidade e silêncio. Você deve mostrar a seu filho que a leitura é um momento de encontro entre o livro e o leitor.
- O tempo necessário.
- Muita imaginação e habilidades de interpretação. Você terá de imitar vozes e entrar no mundo mágico da história.

Preparação

1 É quase hora de ir dormir. Seu filho já está de pijama e já jantou. Chegou o momento de vocês passarem um tempo juntos.

2 Sente-se com ele num lugar em que não haja barulho. É muito importante que a criança ouça apenas tudo o que você vai contar para ela. As crianças precisam prestar muita atenção e devemos ensiná-las a se concentrar. Se, por exemplo, a televisão estiver ligada, além de você não se concentrar, elas também não o farão.

3 Avise que chegou a hora da história, o tempo mágico em que seu filho vai aprender a ler imagens. Anuncie isso todos os dias. A criança sentirá que não deve apenas ouvir uma história, mas também interagir.

4 É melhor que ele se sente em seu colo, porque assim sentirá você mais perto, e além disso você poderá abraçá-lo quando fizer alguma coisa divertida.

5 Explique-lhe o que deve fazer. Mesmo que ele não entenda tudo – ou não se expresse bem –, não importa. O importante é que seu filho saiba que sua mãe lê com ele.

6 Diga a ele: "Cada um contará o que está acontecendo em uma página. Eu começo. Primeiro vamos ver o título e em seguida vamos lendo as imagens da história."

Começa a brincadeira

1 Comece lendo o título e, a partir daí, esqueça que sabe ler. Você terá mais dificuldade em interpretar que seu filho, mas achará bem mais divertido. Não importa o que você disser, dê asas a sua imaginação. Além disso, ninguém melhor do que você sabe o que seu filho gosta.

2 Em seguida, peça-lhe que conte o que vê naquela página.

3 Aplauda cada ideia original, cada ato criativo de seu filho. Aceite tudo o que ele contar e oriente-o caso ele não saiba continuar: "O que faz este pássaro aqui?", "Por que esta criança está chorando?"

4 Depois que vocês terminarem, diga que "lerão" mais no dia seguinte. E, é claro, batam palmas no final. Não se esqueça de que é uma brincadeira.

5 Nunca se recuse a ler a mesma história!

Conselhos e variantes

- Se não puder realizar esta brincadeira com seu filho todos os dias não importa, mas seria interessante procurar fazê-lo regularmente.

- Dê livros de presente e ensine seu filho a fazer o mesmo. Leve-o a perceber que são um grande tesouro.

- Leve seu filho para comprar livros sempre que puder. A imitação é sua melhor arma. Quando vai a uma livraria, leve-o com você e peça-lhe que escolha uma história.

- As histórias com rimas ajudam as crianças a apreciar os sons das palavras. Utilize alguma rima simples: "O pássaro se escondia porque alguma coisa queria..."

- Se tem um irmão mais velho, inclua-o na brincadeira. Com certeza seu filho mais novo vai gostar e vai imitar o irmão.

- Diga a seu filho para ler para seus bonecos. Isso fará com que se sinta importante.

Valores

- **DESENVOLVIMENTO INTELECTUAL:** Se uma criança lê de forma constante, melhorará sua ortografia e sua gramática. Além disso, aprenderá a se expressar com mais desenvoltura.

- **IMAGINAÇÃO:** Ler é a atividade que mais desenvolve o campo da criatividade e da imaginação.

- **CONCENTRAÇÃO:** Ler aumenta consideravelmente a capacidade de concentração. Se tiver lido antes, a criança saberá como manter a atenção no futuro, quando tiver de estudar.

42 OS FILHOS DAS PALAVRAS

Os ursos de pano.
Os caça-borboletas.
Os porcos-espinhos em caixas de sapatos.

Leopoldo M. Panero

Utilidade

A Espanha é um dos países onde menos se lê na Europa. Talvez devido ao fácil acesso às novas tecnologias, perde-se a capacidade de compreensão escrita, pois tudo fica tão ao alcance da mão que não é necessário fazer nenhum esforço.

Esta brincadeira trabalha a união entre a escrita e a lógica.

Experiência

Esther tem uma clínica de logopedia e colaborou comigo em muitas destas brincadeiras. Um dia conversamos sobre o problema da lógica ao falar apresentado por um grupo que tinha dificuldade em escrever e pensar ao mesmo tempo.

Então desenvolvi esta brincadeira com Ramón Alcazar, escritor que tem uma oficina literária. Esther o aplicou em seu grupo e obteve grande sucesso. As crianças escreviam e pensavam sozinhas!

Foi muito divertido. É claro, houve muitos erros de ortografia, mas nós a aperfeiçoamos com o tempo.

Coleção de palavras

O dicionário é uma ferramenta de consulta que pode ser muito criativo. Quando seu filho tiver dominado a brincadeira e sobretudo se for maior, dê-lhe a opção de consultar o dicionário quando se sentir bloqueado e não conseguir lembrar de nenhuma palavra. Assim você promoverá o interesse dele pelo vocabulário. É uma brincadeira que não tem fim...

Características

Número de participantes: Pelo menos 2: seu filho e você. Melhor ainda se forem mais.
Interior ou exterior: Ambos.
Idade: A partir dos 7 anos (a criança precisa saber escrever).
Melhor horário: Quando você quiser; pode ser à noite antes de ir dormir ou à tarde, ou então durante o fim de semana.

Materiais

- Uma folha de papel e um lápis para cada um. Uma borracha para todos será suficiente.
- Um dicionário (depois que seu filho tiver dominado a brincadeira).
- Um quarto de sorrisos e um quilo de imaginação.

Preparação

1 Seu filho chega da escola e termina sua lição de casa rápido ou então não tem lição nesse dia. É o momento de fazer a brincadeira.

2 Diga a ele: "Hoje vamos brincar de uma coisa muito especial. Você vai ver como é divertido..."

3 Apanhe os papéis e os lápis. A borracha também é importante, porque ao longo da brincadeira vocês podem mudar de opinião; você deve ensinar seu filho a corrigir sem borrões.

Começa a brincadeira

1 "Trata-se de uma brincadeira de palavras com filhos. Uma palavra pode ter muitos filhos. Vamos começar com uma. Você começa. Diga um substantivo ou um adjetivo."

2 "Vamos escrever a palavra na vertical, cada uma numa folha e em letras maiúsculas." (Há um exemplo na página seguinte para você mostrar ao seu filho depois de lhe explicar a brincadeira.)

3 "Agora, ao lado de cada letra maiúscula vamos escrever, em letras minúsculas, uma palavra que comece com essa letra. Não podemos olhar o que o outro está escrevendo. Cada um escreve a sua!"

4 Espere seu filho terminar; dê-lhe tempo – ele pode usar a borracha se precisar – e faça de conta que você ainda não terminou.

5 Ajude-o, caso ele não domine alguma palavra. Nem sempre é fácil lembrar de palavras que comecem com Z, por exemplo. Se você não souber o que anotar, procure no dicionário.

6 Depois de terminar, troquem o papel com os substantivos (alguns estarão repetidos).

7 Se perceber que seu filho está animado, repitam a brincadeira. Você pode ir aumentando as palavras. Duas de cada vez, por exemplo.

Conselhos e variantes

- Sugira a seu filho que faça essa brincadeira com seus colegas, que eles escolham a palavra para começar.

- Tente promover a participação de adultos e crianças. É uma brincadeira excelente para fazer nas férias ou em fins de semana. Com certeza vocês se divertirão muito!

- Procure errar de vez em quando para poder apagar. Assim você mostrará a seu filho que as coisas nem sempre têm uma única opção, que existem outras possibilidades. Faça o possível para apresentar um trabalho limpo e sem rasuras, para que ele a imite.

- Se há muitas crianças, é normal haver repetição de palavras. Esse é momento de escolher as letras repetidas e voltar a brincar com elas, mas sem utilizar a mesma palavra.

Exemplo

Cito este exemplo porque é curioso observar que quando utilizamos o nome de uma criança os adjetivos quase sempre pertencem ao mesmo gênero que ela ou são aplicáveis a ela. Quando minha filha e eu fizemos a brincadeira uma vez, ela escreveu isto:

Y erbabuena [hortelã]
O riginal
L ivro
A miga
N atural
D ivertida
A fetuosa

43. MAMÃE, HOJE NÃO QUERO LER

Quando leio um livro, vivo duas vidas, a do livro e a minha.

Virginia Woolf

Utilidade

Se criamos em nossos filhos a paixão pela leitura, além de estimular uma infinidade de áreas do cérebro, prevenimos futuras dificuldades na compreensão e na expressão oral e escrita. Além disso, também favorecemos processos cognitivos como a atenção e a memória.

A leitura é um veículo de ligação com o mundo exterior, além de ser uma fonte inesgotável de conhecimento e entretenimento. Você tem ideia de uma forma melhor de passar o tempo?

É uma pena que um hábito tão maravilhoso como a leitura perca seu encanto e espontaneidade quando o convertemos numa obrigação. Por isso, caros pais, prestem atenção nesta brincadeira!

Experiência

Luís é um menino de 6 anos que passa a maior parte de seu tempo livre imaginando, inventando personagens e histórias, e representando-os no papel. Desenha tudo aquilo que imagina. Um dia saiu da escola muito triste. A professora o havia repreendido porque, em comparação com seus colegas, estava muito atrasado na leitura.

A professora se reuniu com a mãe para propor que seu filho lesse pelo menos quatro páginas por dia. A mãe tentou, mas a única coisa que conseguiu foi um aborrecimento diário, além de perder um tempo precioso que antes dedicavam a brincar. Comprovou que Luís se sentia frustrado na hora de ler. Mas, desde que começou a fazer esta brincadeira com sua mãe, tornou-se um leitor apaixonado.

Características

Número de participantes: Seu filho e você.
Interior ou exterior: Ambos.
Idade: A partir dos 6 anos, quando as crianças aprendem a ler.
Melhor horário: Qualquer momento é ideal para ler um pouco. É seu filho quem decide quando e quanto quer ler.

Materiais

- Um quadro de cartolina para registrar o que seu filho está lendo. Ele deverá colori-lo. Para isso deve ficar pendurado no quarto da criança, de modo que ele possa vê-lo todos os dias e preenchê-lo com facilidade.
- Um lápis ou então lápis de cor.
- A recompensa nunca será material. É melhor algo que possa compartilhar com toda a família: ir ao cinema, ao parque, lanchar, passar momentos agradáveis todos juntos…

Preparação

1 Nosso filho chega da escola e, depois de um merecido descanso, deve fazer suas tarefas. Sabe que tem de ler e por isso não quer.

2 Pegamos o quadro (nunca depois de ter discutido) e, com muita criatividade e um quê de mistério, lhe explicamos a brincadeira. Devemos deixar claro que se trata de um jogo e que ao final existe uma recompensa: "Você quer obter essa recompensa?"

3 O quadro deve ter divisões – cada uma representa uma semana – e ao mesmo tempo incluir um caminho formado por casas para colorir, com uma saída e uma meta, que indicará que nosso filho já poderá receber sua recompensa.

4 A cada dia ele deve registrar se leu ou não. Em caso afirmativo, anotará quantas páginas. O número de páginas lidas será a quantidade de casas a colorir.

5 No caminho das casas encontraremos duas estrelas: uma no meio e outra no final. Nosso filho chegará à primeira estrela depois de ler 7 páginas, e à segunda, depois de 14. Se for estimulado, vai querer ler muitas páginas a cada dia para chegar o quanto antes às estrelas.

6 É muito importante lembrar a ele que deve ler todos os dias e que pode decidir quando e quanto. É preciso dar a entender que, com um pequeno esforço diário, se obtêm grandes coisas. Pode ocorrer que algum dia ele se esqueça de ler. Esse dia também deverá ser registrado, mas não se avançará nenhuma casa.

Começa a brincadeira

1 Ele só terá a recompensa quando conseguir as duas estrelas. A estrela que está no meio do caminho serve de motivação para continuar e atingir a meta.

2 Nossa tarefa consiste em supervisionar o jogo e incentivar a criança. Nunca devemos dizer-lhe que precisa ler porque é uma obrigação, mas comentar: "Quanto falta para você chegar à estrela? Quanto você vai avançar hoje? Você vai ver o que o espera quando chegar à meta... Você vai adorar!"

3 Se por acaso seu filho não estiver motivado, se esquecer de ler ou simplesmente não quiser ler, mostre-lhe o que perdeu por não ter lido. É preciso ter paciência.

Conselhos e variantes

- No meu caso, a recompensa foi explicar-lhe com enorme alegria que havia conseguido terminar a primeira cartilha sozinho e que, portanto, já estava preparado para visitar pela primeira vez a biblioteca e fazer a carteirinha de associado. Foi uma grande surpresa para ele. Ainda temos o costume de frequentá-la um dia por semana. É um momento realmente especial para ele.

Valores

- **AUTONOMIA:** Criamos em nosso filho autonomia e independência porque... é ele quem decide.

- **RESPONSABILIDADE:** Damos a ele uma pequena responsabilidade porque... é ele quem decide.

- **DESCOBERTA DA LEITURA:** Ajudamos a criança a descobrir o mundo mágico dos livros.

- **APRENDIZAGEM:** Favorecemos sua aprendizagem.

- **DISCIPLINA:** Transmitimos à criança o valor do pequeno esforço diário para conseguir coisas importantes.

- **CONVIVÊNCIA:** Melhoramos a convivência em casa ao evitar as discussões, já que este jogo é responsabilidade de nosso filho.

44 O POEMA CEGO

Nada, senhor, estava lendo em Amadis a notícia que de sua morte me trouxe Archelusa, e tive tanta pena, que me saltaram as lágrimas; não sei o que aconteceu depois, mas eu não senti.

Pinciano

Utilidade

Se mostramos verdadeiro interesse pela leitura e pela escrita desde que as crianças são pequenas, estamos dando a elas uma arma poderosíssima: a leitura lhes servirá para ampliar seus conhecimentos, enquanto a escrita lhes oferecerá um meio de expressão.

Experiência

Durante um jantar, um amigo me contou uma história muito triste, especialmente para mim, que escrevo como uma necessidade vital. Quando tinha 9 anos, ele escreveu um poema que falava sobre o que sentira com a morte de seu cachorro. Ele o fez às escondidas para que ninguém o visse e sem mencionar o cachorro; simplesmente descreveu como se sentia.

Quando o poema ficou pronto, foi para a cozinha onde seus pais estavam preparando o jantar e conversando. Leu o poema para eles, e seus pais riram.

Agora tem 42 anos e resolveu voltar a escrever. Diz que durante muito tempo se negou a fazê-lo porque pensou que não era bom. Queria dizer a sua mãe prestes a morrer quanto a amava, e garanto que a carta dele me emocionou.

Então, preparei esta brincadeira para um grupo de crianças que passaram alguns dias comigo no verão: 5 meninas que escreveram um primor de poema, mas que sobretudo se divertiram ao fazê-lo.

Poesia livre

Um poema não precisa de rimas. A chamada concessão poética nos dá plena liberdade de expressão. Há até autores que não utilizam vírgulas nem pontos! Sinta-se livre escrevendo. Não busque a forma artificiosa, e sim o conteúdo do que você quer dizer.

Características

Número de participantes: Pelo menos 2: seu filho e você. Se houver outros, ótimo, será ainda mais divertido.
Interior ou exterior: Ambos.
Idade: A partir dos 7 anos (a criança precisa saber escrever).
Melhor horário: Esta brincadeira dura o tempo que se quiser, por isso é bom pensar o melhor momento do dia para realizá-la. É adequada para a noite antes de ir dormir, ou então num dia de chuva.

Materiais

- Uma caderneta especial que compraremos para esta brincadeira. A capa deve ter uma cor lisa para que você possa escrever nela um título. Uma caderneta pequena será suficiente.

- Uma etiqueta branca para o título da caderneta, grande o bastante para ser decorada com canetinhas coloridas.
- Uma caneta esferográfica.
- Canetinhas coloridas.

Preparação

1 Você decidiu começar a brincadeira. É noite e seu filho está pronto para ir dormir; a hora de compartilhar o carinho e o amor, seus momentos com ele.

2 Diga a ele: "Hoje, em vez de ler uma história, vamos fazer uma brincadeira bem legal. Nós dois vamos escrever um poema juntos... Tenho uma coisa preparada!"

3 Pegue a caderneta com capa colorida e juntos escolham um título. "Vamos fazer uma coisa, eu escrevo o título da caderneta e você decora a etiqueta."

4 Com uma canetinha colorida, escreva o título da brincadeira: *O poema cego*.

5 Dê a ele as canetinhas e incentive-o a participar: "Agora vamos decorá-lo um pouco."

Começa a brincadeira

1 Explique: "Esta brincadeira exige talento. Só pode ser praticada por pessoas que sabem escrever e pelas que têm muita imaginação. Como você é um menino muito criativo, será uma ótima brincadeira. Eu vou aprender muito com você. Nós dois juntos vamos escrever um poema. Chama-se *O poema cego* porque só podemos ver a última frase que o outro escreveu. Com essa frase, cada um de nós vai criar uma nova, até decidirmos que o poema terminou".

2 Abra a caderneta e continue a explicar: "Agora vamos procurar um assunto. Quer pensar em um?" Esse é um momento excelente para perguntar-lhe sobre os assuntos que lhe parecem interessantes: a escola, os professores, seu pai ou sua mãe, seus amigos...

3 Já temos o assunto. Peça que seu filho o escreva na primeira página com letras grandes.

4 Escreva você a primeira frase; vale qualquer uma, desde que escrita com muito carinho ("Adoro o cheiro de giz de minha classe..."). Escreva-a logo depois do título, na primeira página.

5 Depois de terminar a frase, passe a caderneta para seu filho. "Agora é a sua vez. Pode levar o tempo que quiser. Eu não posso olhar; tenho que esperar até amanhã para ver o que você escreveu."

6 Seu filho completa a frase e vocês guardam a caderneta. Se ele quiser continuar a brincar, será um sinal de que gostou da brincadeira. Escreva a frase seguinte, mas antes você terá de copiar a última frase que ele escreveu na próxima página, de tal forma que cada página tenha apenas duas frases: a última do escrito e a de quem escreve em seguida.

7 Depois de escrever duas ou três folhas, determinem o final do poema: "Vamos pensar em quantas folhas mais queremos preencher. O que você acha de dez?"

8 Ao final da brincadeira, peça a seu filho que copie todo o poema na caderneta e leiam-no juntos. Incentive-o a levar o poema para a escola e a explicar a brincadeira para seu professor; com certeza ele gostará muito de fazê-la em classe. Algumas escolas atribuem pontos a qualquer trabalho feito em casa.

Conselhos e variantes

- Não é preciso dizer que seu filho jamais julgará o seu talento como escritor! Esta brincadeira não se destina a pais que escrevem bem.

- Incentive seu filho a se expressar livremente. Deixe que escreva o que quiser. Você não imagina o que pode saber sobre seu filho lendo o que ele escreve! Garanto que esta é uma excelente fórmula para ficar mais próxima dele.

- Tente fazer com que mais alguém da família participe para enriquecer a brincadeira.

Valores

- **APRECIAR A POESIA:** Desde que somos muito pequenos estamos rodeados de poesia. O que você acha que são as músicas que as crianças cantam? A poesia abre caminho para uma brincadeira mágica. Quando uma criança descobre a rima, sente um estranho prazer.

- **FAVORECER A EXPRESSÃO:** Através da escrita, damos vazão aos sentimentos: os bons e os ruins. Não por acaso as melhores obras poéticas são o que um autor escreve de mais profundo. Ao escrever o que pensamos, sentimos um grande prazer por ter expressado alguma coisa íntima. Uma folha de papel é o melhor interlocutor de nosso coração. Se ensinamos à criança esta forma de expressão, estamos dando a ela um valioso poder sobre suas emoções. Escrever para ser mais livres...

BRINCADEIRAS PARA ENSINAR

Bons hábitos de sono

45 VOU PARA A CAMA SOZINHO

O brilho do crepúsculo, labareda do dia que proclama que o dia terminou quando ainda é dia.

Ángel González

Utilidade

As crianças menores de 5 anos, independentemente da hora em que vão dormir, costumam levantar cedo. Seu relógio biológico se ativa em determinada hora e sua curiosidade em saber o que lhes prepara o novo dia as impede de ficar na cama. Se não estão descansadas, serão crianças instáveis.

Quando não descansam o bastante, as crianças se tornam irritáveis, o que pode provocar momentos de tensão em seus pais e irmãos. Com esta brincadeira, tentaremos devolver à criança suas horas de sono e preservar a harmonia familiar.

Experiência

Daniel tinha 3 anos. Até 1 ano e meio ia para a cama tranquilamente. A partir dessa idade, descobriu o poder da palavra e a cada dia, para atrasar a hora de ir dormir, utilizava a linguagem para entreter seus pais. No início conseguia diverti-los: "Mamãe, *goto* muito de você", "A que horas o papai *tega*?", "*Tadê* a bola?"

No início a mãe ria, mas, a partir dos 2 anos e meio, Daniel começou a dormir depois das 10 e meia da noite. Seus pais não tinham tempo para descansar, e seus filhos mais velhos se queixavam por não receber a devida atenção.

Experimentamos esta brincadeira quando Daniel tinha 3 anos, e em três dias conseguimos fazer com que adiantasse sua hora de dormir, e por iniciativa própria!

Características

Número de participantes: Pelo menos 2. Se você tem filhos de idade parecida, podem brincar ao mesmo tempo.
Interior ou exterior: Interior, é uma brincadeira para que as crianças aprendam a ir sozinhas para a cama.
Idade: A partir dos 3 anos.
Melhor horário: Antes de ir dormir. Lembre-se de que as crianças com menos de 5 anos devem ir para a cama por volta das 8 e meia da noite.

Materiais

- O desenho que você encontrará ao final desta brincadeira.
- Emoção.
- Um enorme sorriso.

Preparação

1 Estabeleça um horário para que a criança vá dormir.

2 As crianças de 3 anos ainda não conhecem as horas. Você será o relógio delas, indicando a hora de cada atividade, mas sempre com antecedência: "Daniel, dentro de cinco minutos vamos jantar."

3 Enquanto seu filho estiver tomando banho ou jantando, diga-lhe que esta noite você tem uma surpresa para ele: "Você cresceu muito, Daniel, e acho que já está preparado para a brincadeira do desenho escondido. Quando você terminar de jantar, explico, está bem? Você vai gostar muito!"

Ritual para dormir bem

Organize uma rotina para a criança seguir todos os dias. Por exemplo, ir ao banheiro, dar um beijo de boa-noite e dizer uma frase mágica como esta: "A noite chegou, para o meu quarto eu vou." Em seguida, pode começar a brincadeira.

4 À noite, explique a brincadeira com voz calma e segurando a mão dele: "Esta brincadeira é para crianças que vão sozinhas para a cama. A primeira noite eu vou junto com você para ter certeza de que você está preparado para brincar."

5 Você já recortou todas as peças do segundo desenho e misturou-as para que a criança não saiba o que é. Prepare também o desenho número 1 com a silhueta.

6 Mostre-lhe o montinho de peças recortadas e a silhueta: "Só vamos saber o que é este desenho depois que você terminar. Você precisa completá-lo toda noite com algumas peças. A cada dia vai encontrar uma embaixo do travesseiro." (Isso é muito importante: a criança não terá o pedaço de papel se não for deitar na hora determinada.) "Você vai sozinho para a cama e vai se deitar. Só quando estiver na cama poderá levantar o travesseiro e ver a peça que recebeu. Então você se cobre e nos chama. Nós vamos entrar para dar-lhe um beijo de boa-noite para que tenha lindos sonhos. Vamos olhar a peça e deixá-la no criado-mudo."

7 Continue a explicar: "Quando você se levantar de manhã, a primeira coisa que faremos será colá-la neste outro desenho e colori-la. Mamãe ou papai vão levar o quadro na cama com o lápis de cor necessário. Ali mesmo vamos completar o desenho. Você não sabe quanto gosto de fazer esta brincadeira com você!"

Começa a brincadeira

1 Explique a seu filho: "Agora vamos imaginar que você vai para a cama sozinho. Diga a frase mágica com mamãe e eu seguirei você para ver como está fazendo tudo direitinho. Tenho certeza de que será muito emocionante!"

2 Na segunda noite não será preciso ir com ele. É muito importante que ele vá dormir sozinho, mas não demore muito para responder quando ele chamar você para cobri-lo. Pouco a pouco você poderá espaçar o tempo que demora para ficar ao lado dele, até que ele deixe de chamá-la.

3 A cada manhã demonstre muito interesse no que ele vai conseguindo. Sua animação é o motor desta brincadeira!

Conselhos e variantes

- O quadro deve ser diferente dependendo da idade de cada criança. Para as crianças que estão aprendendo a ler (5 ou 6 anos) utilizaremos uma história.

- A brincadeira não deve durar mais de oito dias (as peças do carro). É um período suficiente para que a criança não fique entediada. Lembre-se de que as crianças querem resultados imediatos. Se perceber que seu filho necessita de mais tempo, prepare um desenho novo, dessa vez com a contribuição dele.

- Coloque o desenho num lugar visível e, ao menos uma vez por dia, pergunte a outro membro da família ou à própria criança: "Que mistério! Você sabe o que será o desenho? Estou tão curiosa…"

- E, é claro, lembre a seu filho quanto você está se divertindo!

Valores

- **AUTONOMIA:** Promovemos a autonomia da criança ao ensiná-la a ir para a cama sozinha.

- **BOM SONO:** Faremos com que a criança durma melhor e que se sinta motivada ao lhe propor uma brincadeira para crianças mais velhas.

- **COMPARTILHAR:** Compartilhamos com ela um momento precioso, o da brincadeira.

- **SUPERAÇÃO:** Estimulamos seu desejo de superação.

- **SAÚDE:** Ajustamos o relógio biológico para que a criança faça cada coisa em seu momento mais adequado.

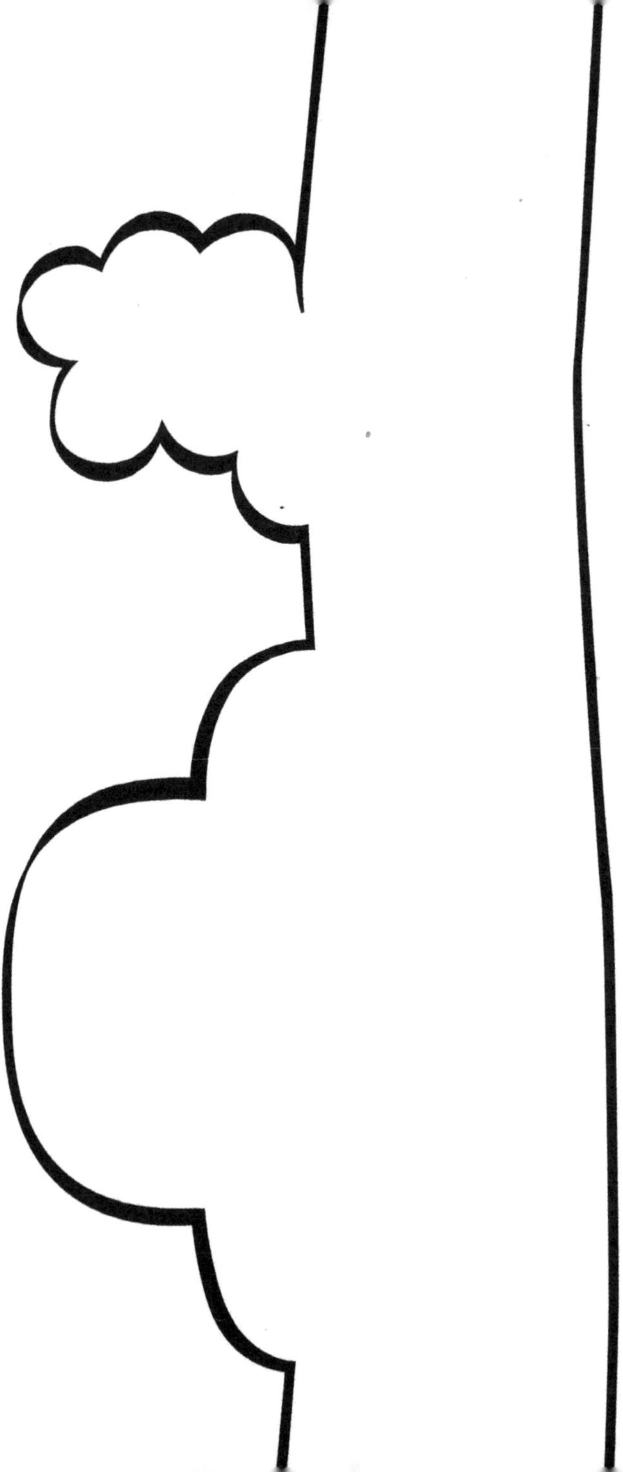

marrom ①
cinza ④
amarelo ②
laranja ③
vermelho ⑤
rosa ⑤
azul ⑦
verde ⑦
azul ⑧
vermelho ⑥

46 BRINCO SOZINHO QUANDO ACORDO

*Durma, Jorginho,
que vem o menino
e acorda seus pais
e seu vizinho.*

Gloria Fuertes

Utilidade

O fim de semana está chegando. A semana foi muito dura e nos últimos dias você não dormiu bem. No sábado, você precisa dormir mais que o habitual, mas… seu filho acorda às 8 da manhã! Se ao menos você pudesse ficar na cama até as 9…

Experiência

As crianças menores de 5 anos, independentemente da hora em que vão dormir, acordam mais ou menos à mesma hora. Têm seu pequeno relógio biológico programado para uma hora determinada.

Quando chegava o fim de semana, Isabel sempre vinha ao meu quarto às 8 da manhã e exclamava: "Mamãe, não tenho mais sono!"

Durante muito tempo levantamos cedo, mesmo tendo ido dormir muito tarde, até que experimentei esta brincadeira… Foi ótimo! Às vezes me levantava assustada porque não havia escutado minha filha e já eram 9 e meia da manhã.

O cofre mágico

Os brinquedos da caixa precisam ser diferentes; se você colocar o mesmo brinquedo que a criança está acostumada a ver todos os dias, ela perderá o interesse. Durante a semana, esconda objetos para brincar e coloque-os na caixa nesse dia especial.

Características

Número de participantes: Apenas seu filho com seus irmãos.
Interior ou exterior: Interior.
Idade: A partir dos 3 anos.
Melhor horário: Ao acordar pela manhã.

Materiais

- Uma caixa – ou cofre mágico – para guardar brinquedos. Se você puder colocá-la embaixo da cama, melhor, porque assim a criança terá de tirá-la e será mais emocionante.
- Brinquedos escolhidos expressamente por você, dos quais seu filho vai gostar. Não utilize os que necessitam da ajuda de um adulto nem os que tenham som. Lembre-se de que tentamos fazer com que seu filho brinque sozinho, sem acordar você!
- Uma recompensa previamente escolhida por você. Meu conselho é que seja algo relacionado com a brincadeira; por exemplo, uma caixa de lápis ou um novo caderno de desenho.

Preparação

1 Escolha um dia do fim de semana para começar. No primeiro e no segundo dia, dependendo da criança, você terá de se levantar. É melhor ter certeza de que tudo está indo bem para depois poder dormir tranquila.

2 Na noite anterior, explique à criança que vai começar uma brincadeira muito emocionante. "Amanhã você vai ter uma grande surpresa em seu quarto. Você é grande e já pode ficar brincando sozinho quando acordar, em vez de vir nos chamar. Quando se levantar, vai encontrar aos pés (ou debaixo) da cama uma caixa cheia de brinquedos. E poderá brincar com ela até que papai e mamãe se levantem! Você está crescendo e é muito obediente; como prêmio, poderá brincar com seus brinquedos enquanto nós dormimos."

3 Em seguida vem uma parte muito importante para que a criança entenda que não deve fazer barulho nem nos acordar. "Você vai ficar em seu quarto e nós vamos dormir mais um pouco. Assim, quando acordarmos, vamos tomar o café da manhã juntos e você vai receber uma pequena recompensa por ter cuidado de papai e de mamãe."

4 É fundamental que a criança não saiba quais brinquedos você vai colocar na caixa.

5 Antes de ir dormir, depois de se certificar de que seu filho está dormindo, deixe no quarto dele a caixa que você preparou. Coloque-a num lugar que não esteja à vista e não o atrapalhe na hora de se levantar para ir ao banheiro, por exemplo.

Começa a brincadeira

1 Quando seu filho acordar de manhã, logo vai lembrar da caixa cheia de brinquedos. Então, ele poderá fazer duas coisas: ir imediatamente ao seu quarto e acordar você ou levantar-se e começar a brincar sozinho. No primeiro caso, sorria e acompanhe-o ao quarto dele, dizendo: "Que ótimo, agora você tem de brincar sozinho com estes brinquedos tão bonitos. Eu vou dormir mais um pouquinho, está bem? Fique aqui brincando e diga a seus brinquedos para não fazerem barulho."

2 É o primeiro dia. Não volte a dormir ou, se o fizer, coloque o despertador para acordar logo depois e ver se a criança continua em seu quarto.

3 Caso você tenha uma ideia do tempo que quer que ele brinque (por exemplo, uma hora), comece por meia hora. Assim que terminar esse tempo, entre no quarto e elogie seu filho: "Muito bem! Você já é grande, ficou brincando sozinho! Estou tão orgulhosa de você... Dê-me um abraço bem grande!" Este é o melhor prêmio.

4   Recolha os brinquedos e diga que no dia seguinte poderá continuar a brincar com eles. Se ele lhe pedir algum deles mais tarde, pode dar sem problemas. Hoje em dia as crianças têm tantos brinquedos que você poderá substituí-lo sem dificuldade.

5   Vá aumentando o tempo da brincadeira. No segundo dia poderá entrar no quarto dele depois de 45 minutos, e assim até completar o tempo que você determinou. Uma hora e meia é tempo demais para uma criança; não abuse, porque se ela se cansar perderá toda a animação. Além disso, não deixe de observar se ela tem fome.

6   Elogie seu filho diante de outras pessoas: "Vocês não sabem como está grande: já sabe brincar sozinho no quarto e fica quietinho enquanto a gente dorme! É um amor. Graças a ele estamos mais descansados."

7   Não se esqueça de recolher os brinquedos com ele. Não deixe isso para mais tarde ou terá perdido o interesse. Neste momento ele está muito motivado: brincou sozinho e seus pais lhe dizem coisas bonitas. É o melhor momento para continuar a ser um bom menino e recolher tudo!

Conselhos e variantes

- Você pode fazer esta brincadeira todos os fins de semana ou então alterná-la. É aconselhável recorrer a ela quando precisar dormir um pouco mais, e não como regra.

- Eu também utilizei música. As crianças são muito habilidosas e sabem lidar com os aparelhos de som sozinhas. Para evitar choques elétricos, é melhor usar os que funcionam com pilhas. Elas acordam, põem sua música bem baixinho e vão brincar. Uma maravilha!

- Introduza elementos novos na caixa. Por exemplo: uma caixa de pregadores de roupa, tigelas de plástico com suas tampas.

- Se você tiver dois filhos, precisará de uma caixa para cada um. Cada um deles terá seus brinquedos, mas eles poderão muito bem brincar juntos. Minhas filhas dormem no mesmo quarto, e todas as vezes que fizemos esta brincadeira elas acabaram brincando juntas e misturando os brinquedos.

Valores

- **RESPONSABILIDADE:** Transmitir senso de responsabilidade a nossos filhos é contribuir para seu amadurecimento e segurança. Ao se julgar responsável por seus pais e pensar que está capacitado para cuidar deles, seu filho se sentirá mais importante.

- **ATENÇÃO E CONCENTRAÇÃO:** Uma criança deve aprender a brincar sozinha. Um dos problemas do fracasso escolar é a falta de atenção e concentração nos estudantes. O melhor antídoto para isso é brincar quando pequenos.

- **PROMOVER A BRINCADEIRA:** As crianças descobrem o mundo por meio da brincadeira e se relacionam por meio dela. Seus passatempos favoritos costumam consistir na representação do que veem ao seu redor. Ao promover a brincadeira, nós as levamos a ingressar na difícil tarefa de viver; estamos dando a elas a segurança de que precisam para depois percorrer a vida sozinhas.

Agradecimentos

A Esther Martínez, por suas brincadeiras e seu entusiasmo.
A Ramón Alcaraz, por me ajudar a escrever.
Ao pai de minhas filhas, por brincar como uma criança.
A Trini e Ana, por me ajudarem a crescer.
A meus loucos, por acreditarem em mim.
E a Ángel González, por seus versos.

YOLANDA SÁENZ DE TEJADA VÁZQUEZ

IMPRESSÃO E ACABAMENTO

YANGRAF
GRÁFICA E EDITORA LTDA.
WWW.YANGRAF.COM.BR
(11) 2095-7722